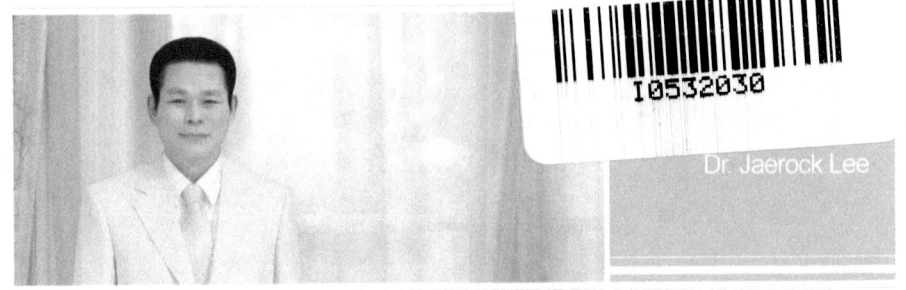

O Dr. Jaerock Lee esteve à beira da morte por sete anos sofrendo de várias enfermidades, mas foi completamente curado ao ter um encontro com o Deus vivo. Desde então, ele, com um chamado de Deus, fundou a Igreja Central Manmin em Seul, Coréia em 1982; que cresceu e se tornou uma congregação de 120,000 membros. Durante o seu ministério, o Dr. Lee tem manifestado o poder de Jesus Cristo e glorificado a Deus com sinais miraculosos e maravilhas. Com inúmeras evidências tangíveis, Deus já confirmou diversas vezes que as mensagens pregadas pelo Dr. Lee O agradam. Essas mensagens já foram pregadas, inclusive, em cruzadas internacionais em países como a Uganda, o Japão, o Paquistão, o Quênia, as Filipinas, Honduras, a Índia, a Rússia, a Alemanha, o Peru, a República Democrática do Congo, os EUA, e Israel. Essas cruzadas foram transmitidas a todo o mundo via televisão e Internet. A Cruzada Santo Evangelho na Uganda, de 2000, foi citada na CNN (Cable News Network), e a Cruzada Unida de Israel, realizada no ICC (Centro Internacional de Convenções) em Jerusalém no ano de 2009, foi transmitida a 220 nações, que puderam ouvir que Jesus Cristo é o Messias. Até a presente data, o Dr. Lee já escreveu 64 livros cheios de uma preciosa palavra de vida e já dirigiu milhares de almas à salvação. Uma de suas poderosas obras. *A Mensagem da Cruz,* despertou muitas pessoas em todo o mundo de seu sono espiritual.

Ao Redor do Mundo

Sabendo que tudo é pelo poder de Deus, ele proclamou a todo o mundo corajosamente que Deus existe, que o Único Salvador da humanidade é Jesus Cristo, e que a verdade de tudo isso está na Bíblia!

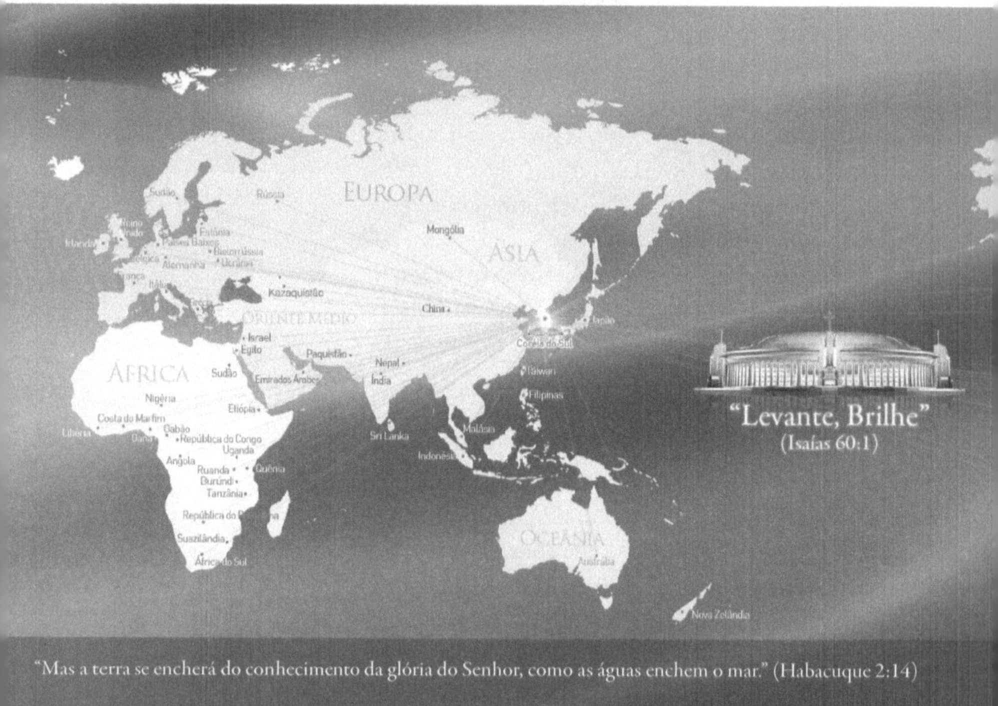

"Levante, Brilhe"
(Isaías 60:1)

"Mas a terra se encherá do conhecimento da glória do Senhor, como as águas enchem o mar." (Habacuque 2:14)

Várias cruzadas
internacionais conduzidas
pelo Dr. Jaerock Lee
já sacudiram o mundo com
o poder do Espírito Santo

1 Cruzada do Evangelho Santo no Quênia
2 Ministérios Globais da Igreja Central Manmin
3 Grande Cruzada Santa do Paquistão
4 Cruzada Do Evangelho Santo na Uganda
5 Cruzada de Cura e Avivamento nas Filipinas
6 Cruzada de Curas Milagrosas de Honduras
7 Cruzada de Cura no Peru

Ao Redor do Mundo

"Mas receberão poder quando o Espírito Santo descer sobre vocês, e serão minhas testemunhas em Jerusalém, em toda a Judéia e Samaria, e até os confins da terra" (Atos 1:8)

Várias cruzadas internacionais conduzidas pelo Dr. Jaerock Lee já sacudiram o mundo com o poder do Espírito Santo

1 Festival de Curas Milagrosas na República Democrática do Congo
2 Cruzada de Curas Milagrosas na Estônia
3 Cruzada Unida em Israel
4 Cruzada de Nova Iorque
5 Festival de Curas na Alemanha
6 Festival de Curas Milagrosas na Rússia
7 Festival de Oração por Curas Milagrosas na Índia

GOD IS GREAT

Ao Redor do Mundo

2

MIRACLE HEALING PRAYER FESTIVAL 2002

JESUS CHRIST HEALS

Revival of God's Power and Authority in...

"Uma vez Deus falou, duas vezes eu ouvi, que o poder pertence a Deus." (Salmos 62:11)

Várias cruzadas
internacionais conduzidas
pelo Dr. Jaerock Lee
já sacudiram o mundo com
o poder do Espírito Santo

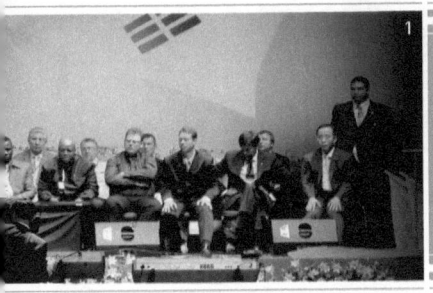

Através do Dr. Jaerock Lee, a quem Deus afirma Sua presença e poder, o tipo de cura bíblica que é simplesmente impossível ao homem tem acontecido até hoje. Em cruzadas internacionais, incontáveis pessoas já foram curadas por Deus de doenças humanamente sem cura como AIDS e câncer; sem imposição de mãos, mas apenas por uma oração geral, do púlpito.

1 Cruzada Unida de Israel
2 Festival de Oração por Curas Milagrosas na Índia
3 A convite do Presidente da R. D. do Congo, Joseph Kabila, em 2006

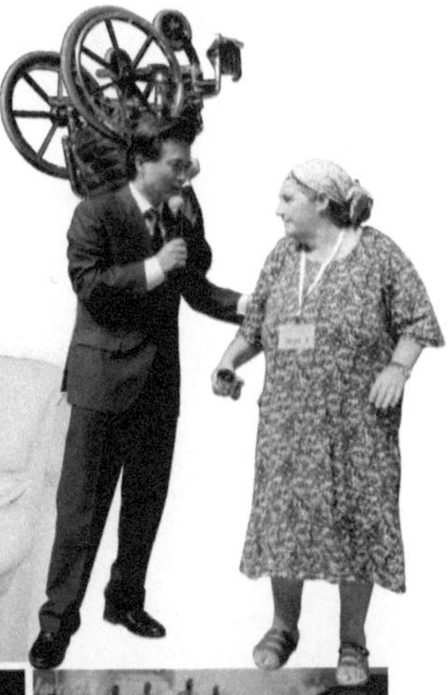

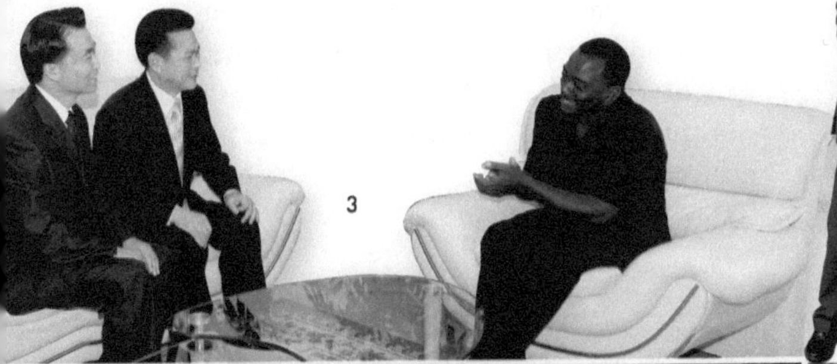

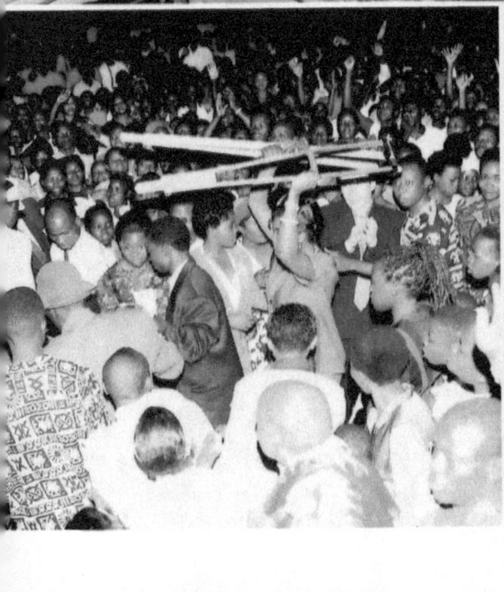

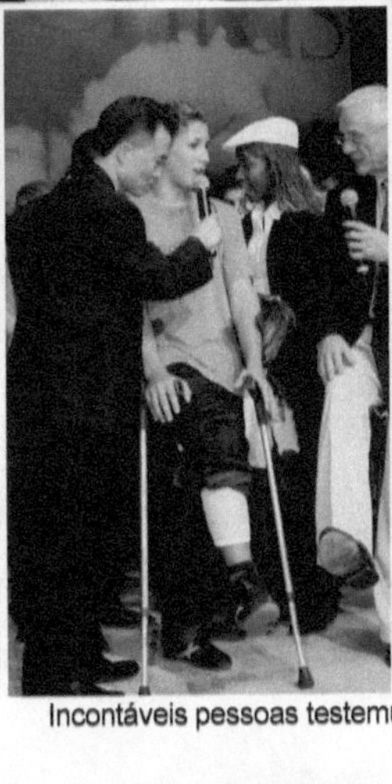

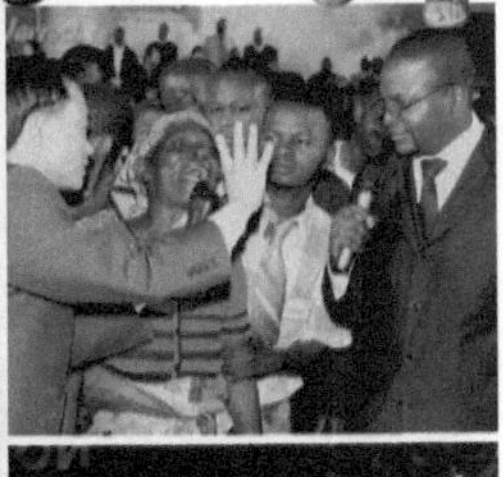

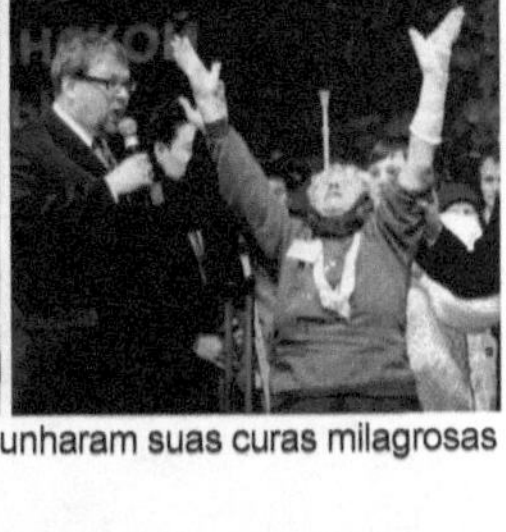

Incontáveis pessoas testemunharam suas curas milagrosas

A Igreja Central Manmin assume responsabilidade pela evangelização nacional e uma missão mundial

Segundo dados de Fevereiro de 2012, a Manmin tem 42 congregações e 13 santuários locais nas maiores cidades da Coréia do Sul, e aproximadamente 10,000 igrejas associadas em todos os cantos do planeta. Cada culto da Igreja Central Manmin é transmmitido ao vivo a suas congregações na Coeréia e também para muitos países via satélites "NSS-6"(New Skies Satellites 6) e ThaiCom 5 e GCN, e via Internet ao resto do mundo. Além disso, a Manmin também lidera outras obras ministeriais como publicações de livros, jornais e revistas, e apresentações artísticas. A igreja tem cumprido sua missão mundial e preparado para sua obra missionária na Coréia do Norte. Também recebemos o dever de construir o Grande Santuário, que servirá para revelar a grande glória de Deus.

1 Cantata de Páscoa
2 Aniversário da Igreja
3 Orquestra Nissi
4 Cerimônia de Lançamento da GCN
5 Conferência da Rede Mundial de Médicos Cristãos (WCDN) em 2006

"Levante-se, refulja! Porque chegou a sua luz, e a glória do Senhor raia sobre você." (Isaías 60:1)

A
MENSAGEM
DA
CRUZ

A MENSAGEM DA CRUZ

Dr. Jaerock Lee

URIM
BOOKS

A MENSAGEM DA CRUZ por Dr. Jaerock Lee
Publicado por Livros Urim (Representante: Seongnam Vin)
235-3, Guro-dong3, Guro-gu, Seul, Coréia do Sul
www.urimbooks.com

Os textos das referências bíblicas foram extraídos da Bíblia de Nova Versão Internacional (NVI), salvo indicação específica. Utilizado sob permissão.

Publicado anteriormente em coreano pela Livros Urim(Urim Books), em 2002

Primeira Publicação em Fevereiro de 2012

Editado por Geumsun Vin
Tradução Inglês-Português: Ana Gabriela Baêta e Álvaro César Ramírez
Revisão Português; Éber Assis dos Santos e Vánia Maria Costa Sá dos Santos
Design criado pelo Editorial da Livros Urim
Impresso pela Yewon Printing Company
Para mais informações, entre em contato: urimbook@hotmail.com

PREFÁCIO

Desejo que este livro possa ajudá-lo a entender o coração de Deus, seu grande plano de amor e que possa também lançar bases sólidas para a sua fé.

A Mensagem da Cruz tem levado incontáveis pessoas ao caminho da salvação desde 1986 e demonstrado inúmeras obras do Espírito Santo, através de muitas cruzadas internacionais. Finalmente Deus, o Pai, me abençoou para publicar esse livro. Todos os meus agradecimentos e toda a glória a Ele!

Muitas pessoas dizem acreditar em Deus, o Criador, e conhecer o amor de Seu Filho, Jesus Cristo, mas não são capazes de pregar o Evangelho com autoridade. De fato, apenas poucos cristãos entendem o coração e o cuidado de Deus. Além disso, muitos cristãos estão separados de Deus, pois não receberam respostas claras a muitas questões demonstradas na Bíblia e, tampouco, compreenderam a misteriosa providência do amor de Deus.

Por exemplo, o que você responderia às três seguintes perguntas:

"Por que Deus colocou a árvore do conhecimento do bem e do mal e deixou o homem comer dela?" "Por que Deus criou o inferno mesmo tendo sacrificado seu Filho Jesus Cristo pelos pecadores?" "E por que Jesus é o único Salvador?"

Eu não era capaz de entender a profundidade da providência de Deus sobre a criação e a sua providência escondida na cruz durante os primeiros anos de minha vida cristã. Antes de ser chamado como Ministro do Evangelho, eu comecei a me perguntar: "Como posso guiar inúmeras pessoas ao caminho da salvação e glorificar a Deus?" Percebi que deveria entender todas as palavras da Bíblia, incluindo passagens de difícil compreensão, através da interpretação de Deus e pregá-las ao redor do mundo. Mais rápido do que nunca, orei para isso. Sete anos se passaram antes de Deus começar a revelá-las para mim.

Em 1985, enquanto orava fervorosamente, fui cheio do Espírito Santo. Ele começou a revelar os segredos da providência de Deus que estavam escondidos. Era a "Mensagem da Cruz". Eu orei durante todos os cultos de domingo de manhã por 21 semanas. Os vídeos da "Mensagem da Cruz" influenciaram inúmeras pessoas no país e no resto do mundo. Onde a Mensagem da Cruz foi pregada, o Espírito Santo agiu como uma espada de fogo. Muitas pessoas se arrependeram de seus pecados e foram curadas de suas doenças e enfermidades. Elas lançaram fora todas as dúvidas sobre a providência de Deus e adquiriram uma fé verdadeira e a vida eterna. Até então, elas não conheciam exatamente a Deus e o seu profundo amor. Elas começaram a entender o plano de Deus e tiveram fé na vida eterna, através dessa mensagem.

Se você entender claramente por que Deus colocou a árvore do conhecimento do bem e do mal no Jardim do Éden, você compreenderá a providência de Deus para a criação da humanidade e amá-Lo-a ainda mais. Além do mais, conhecendo a verdadeira proposta de sua vida, você será capaz de lutar contra seus pecados para o ponto de derramamento de sangue. Tente o melhor de si para assemelhar-se ao coração do Senhor Jesus Cristo e ser fiel a Deus até a morte.

A Mensagem da Cruz mostrará a você os segredos da providência de Deus escondidos na Cruz e lançará bases sólidas para uma boa e verdadeira vida Cristã. Portanto, todo aquele que ler este livro será capaz de entender a profundidade da providência e do amor de Deus, de ter uma fé inabalável, de estabelecer e viver uma vida Cristã agradável aos Seus olhos.

Agradeço ao Diretor e à equipe da Bureau Editorial que se esforçaram para publicar esse trabalho. Agradeço também a Bureau Traduções.

Que inúmeras pessoas entendam a profundidade da providência de Deus, conheçam o Deus de amor e sejam salvos como verdadeiros filhos de Deus – esta é minha oração em nome do Senhor Jesus Cristo.

Jaerock Lee

INTRODUÇÃO

A Mensagem da Cruz é a sabedoria e poder de Deus. É uma mensagem poderosa que cada cristão do mundo deve seguir!

Todo o meu agradecimento e glória a Deus, o Pai, que nos permitiu publicar *A Mensagem da Cruz*. Muitos membros da Manmin ao redor do mundo esperaram ansiosos por essa publicação. Este livro dá respostas claras a muitas questões que vários cristãos já imaginaram: "Como era Deus, o Criador, antes do início?" "Por que Deus criou o homem e o deixou viver na terra?" "Por que Deus colocou a árvore do conhecimento do bem e do mal no Jardim do Éden?" "Por que Deus enviou seu único Filho como sacrifício vivo?" "Por que Deus planejou a providência da salvação, através de uma rústica cruz de madeira?" entre outras.

Este livro consiste em mensagens ungidas ministradas pelo Dr. Jaerock Lee. Que ele encoraje você a conhecer e entender o profundo, vasto e incrível amor de Deus.

Capítulo 1, "Deus, o Criador, e a Bíblia" introduz Deus a

você e mostra como Ele trabalha por você. Ao longo do capítulo, você irá encontrar evidências do Deus vivo e perceber a verdade da Bíblia de acordo com a história da humanidade. Além disso, prova a falsidade da teoria da evolução e a veracidade da teoria da criação de Deus.

Capítulo 2, "Deus Criou e Cuidou do Homem", testifica que Deus criou todas as coisas no Universo e formou o homem à Sua imagem e semelhança. Após, esse capítulo lhe ensina o verdadeiro significado da vida humana e a proposta de criar o ser humano como Seu filho espiritual.

Capítulo 3, "A Árvore do Conhecimento do Bem e do Mal" nos dá a resposta à questão fundamental para todos os cristãos: Por que Deus colocou a árvore do conhecimento do bem e do mal? Esse capítulo explica a razão em detalhes e ajudará você a entender a profundidade do amor e misteriosa providência de Deus.

Capítulo 4, "O Segredo Escondido Antes do Início dos Tempos" explica a relação entre a lei da redenção na terra e a lei espiritual para a salvação humana (Levítico 25). O capítulo também explica que todo homem tem um caminho de morte devido aos seus pecados, mas Deus preparou um caminho maravilhoso, sua salvação antes do início dos tempos. Finalmente, lhe ensina por que Deus escondeu este caminho da salvação humana até o momento de Seu escolhido e como Jesus é qualificado nas condições da lei da redenção na terra.

Capítulo 5, "Por que Jesus é o Único Salvador?" explica como os planos de Deus para a salvação da humanidade que estavam escondidos antes do início dos tempos foram cumpridos através de Jesus; a razão de sua crucificação; as promessas e os direitos dos filhos de Deus; o significado do nome "Jesus Cristo" e a razão pela qual Deus não deu outro nome a não ser Jesus Cristo, para que os homens pudessem ser salvos, e assim por diante. Você sentirá um amor imensurável de Deus, se entender a implicação espiritual da mensagem descrita nesse capítulo.

Capítulo 6, "A Providência da Cruz" lhe mostrará a profundidade do significado do sofrimento de Jesus. Por que Jesus nasceu em um celeiro e deitou em uma manjedoura, se era o filho de Deus? Por,que foi pobre toda sua vida? Por,que teve todo seu corpo açoitado? Por que coroado com espinhos? Por que pregado com cravos em suas mãos e pés? Por que ele sofreu com dores, a ponto de derramar todo o seu sangue e água?

Este capítulo proverá respostas exatas para tais questões e o ajudará a entender a implicância espiritual de seu sofrimento. Todos os tipos de doenças e enfermidades, assim como a pobreza, discórdia em família, dificuldade financeira, entre outras, serão solucionadas através do entendimento e a fé no significado espiritual do sofrimento de Jesus. Esse capítulo ajudará a entender a profundidade de Deus, eliminar todo o tipo de mal e a participar da natureza divina.

Capítulo 7, "As Últimas Sete Palavras de Jesus na Cruz" explica a implicação espiritual das últimas sete palavras de Jesus na Cruz antes de morrer. Através das sete palavras na Cruz, ele cumpriu a missão que recebeu do Pai. Este capítulo enfatiza que você deve entender o grande amor de Jesus pela humanidade, mesmo antes de morrer, a luta com o mal e a esperança pela ressurreição.

Capítulo 8, "Fé Verdadeira e Vida Eterna" lhe dirá que somos um só com o Noivo, Jesus Cristo, pela fé. A Bíblia adverte aqueles que dizem que acreditam no Salvador Jesus Cristo, mas que não serão salvos no Dia do Julgamento. A Bíblia presa não somente em aceitar a Jesus Cristo, mas também em comer de sua carne e beber de seu sangue para alcançar eterna salvação. Você terá uma fé verdadeira que o guiará ao caminho da salvação, se comer de sua carne e beber de seu sangue. Este capítulo também ensinará a natureza da fé verdadeira, como obtê-la e como você deve fazer para alcançar plena salvação.

Capítulo 9, "Nascer nas Águas do Espírito" primeiramente menciona o diálogo entre Jesus e Nicodemos. Esta troca conclui *A Mensagem da Cruz*. Seu coração deve ser renovado continuamente através das águas do Espírito Santo e manter seu espírito, alma e corpo, imaculado até a segunda vinda do Senhor Jesus Cristo, tempo em que o Senhor o receberá como sua linda Noiva.

Capítulo 10, "O que é Heresia?" penetra na natureza da heresia e discute os falsos conhecimentos que alguns cristãos possuem. Hoje, muitas pessoas se enganam ou culpam algumas obras de Deus como hereges ou erram sobre este entendimento descuidadamente, porque não sabem a definição bíblica de heresia. Este capítulo adverte que você não deve estranhar nem condenar as obras do Espírito Santo como hereges e explica como você deve distinguir o Espírito da Verdade do Espírito de Erro e algumas denominações hereges. Finalmente, esse Capítulo enfatiza que você deve orar e vigiar continuamente e habitar na verdade para não cair em tentações do mal.

O apóstolo Paulo fala sobre a Mensagem da Cruz, a sabedoria de Deus, em I Coríntios 1:18 *"Pois a Mensagem da Cruz é loucura para os que estão perecendo, mas para nós, que estamos sendo salvos, é o Poder de Deus"*. Qualquer um pode ter uma fé verdadeira, encontrar o Deus vivo e gozar de uma vida cristã ao máximo, quando compreender o segredo escondido na cruz e perceber a providência de Deus e o amor pela humanidade.

A Mensagem da Cruz é o ensinamento básico para sua vida. Por essa razão, eu oro no nome de Jesus, para que você lance as bases sólidas, para sua vida cristã e alcance a salvação e vida eterna.

Geumsun Vin
Diretor da Bureau Editorial

SUMÁRIO

Capítulo 1

DEUS, O CRIADOR, E A BÍBLIA

- Deus é o Criador
- Eu Sou Quem EU SOU
- Deus é Onisciente e Onipresente
- Deus é o Autor da Bíblia
- Toda Palavra da Bíblia é Verdadeira

*"No princípio Deus criou os Céus
e a Terra."*
Gênesis 1:1

Deus é o Criador

Hoje, há milhares de livros no mundo, mas nenhum outro, como a Bíblia, para dar-lhe respostas claras e detalhadas às questões sobre a origem e criação do universo, e o começo e fim da raça humana.

A Bíblia nos dá uma resposta clara à questão da origem do universo e vida. Gênesis 1:1 diz: *"No princípio Deus criou os céus e a terra"* e Hebreus 11:3: *"Pela fé entendemos que o universo foi formado pela palavra de Deus, de modo que aquilo que se vê não foi feito do que é visível"*.

Nem tudo feito visível foi feito de algo que já tinha existência. Foi criado do nada sob o comando de Deus.

O homem poderá fazer algo a partir de outra coisa já existente, a saber, transformando ou combinando materiais. Porém, ele não pode criar do nada.

É inimaginável que o homem pudesse criar um organismo vivo. Mesmo se ele desenvolvesse tecnologia científica suficiente para criar uma inteligência artificial (I.A.), computadores ou cordeiros clonados, não poderia jamais criar uma ameba do nada.

Conseqüentemente, as pessoas somente extraem organismos vivos que foram dados por Deus, e combinam de várias formas. Você sabe que não há nada além disso.

E mais, você deve saber que apenas Deus é capaz de criar algo do nada. Apenas Deus, o Criador, criou o universo e o tem sob o Seu comando, história do mundo, vida e morte e as bênçãos e maldições sobre a raça humana.

Evidências que Fazem Você Crer no Deus, o Criador

Tudo – uma casa, uma mesa e até uma agulha – é feita por alguém. É evidente que deve haver um Criador para este vasto universo. Deve ter um Dono que o criou e que o governa. Este é o Deus, o Criador, sobre o qual a Bíblia diz repetidamente.

Quando você olha ao seu redor, há evidências abundantes da criação. Um exemplo fácil: considere o tremendo número de pessoas na terra. Uma variedade de raça, idade, tipo, status e assim por diante. Todos possuem dois olhos, dois ouvidos, um nariz com dois buracos e uma boca.

Até os animais possuem uma pequena diferença dentro de suas espécies, porém possuem a mesma estrutura facial. Por exemplo: o elefante possui um grande nariz (tromba), mas é no centro de seu rosto e acima da boca. Não é acima de seus olhos, abaixo da boca. Cada elefante possui duas narinas, dois olhos, dois ouvidos e uma boca. Todas as aves no céu, todos os peixes dos oceanos ou dos rios, possuem a mesma estrutura.

Os animais não possuem somente a mesma estrutura facial, possuem também o sistema digestivo e reprodutivo semelhantes. Da mesma forma, todos consomem alimento com a boca e o mesmo vai para o estômago e sai do corpo. Todos os mamíferos dão à luz sua prole.

Quando você coloca estes fatores óbvios juntos, você não pode dizer que se trata de uma mera coincidência da evolução pela "sobrevivência do mais forte". Nada disso pôde ser explicado pela teoria da evolução.

Por esse motivo, repousando no fato de que ambos os homens e animais possuem a mesma estrutura orgânica, é uma evidência de que tudo foi criado por Deus, o Criador. Se Deus não fosse o único Deus e estivesse entre vários deuses, as criaturas seriam diferentes, teriam estruturas diferentes e posições de órgãos diferentes.

Além disso, quando apreciamos a natureza e o universo, contemplamos ainda mais as provas da criação neles. Quão maravilhoso é saber que todas as coisas no sistema solar, assim como os movimentos de rotação e translação da terra, trabalham na mais perfeita harmonia, sem erros!

Olhe para o seu pulso. Nele há várias partes elaboradas. Não irá funcionar sem uma parte faltando. E mais, este universo foi feito para operar sob a providência de Deus.

Por um instante, nem homem ou outra forma de vida podem existir sem a lua que está ao redor da terra. A lua não poderia ter sido colocada nem mais perto, nem mais longe de sua posição atual. Deus colocou na posição apropriada para que o homem pudesse viver na terra.

Devido à posição da lua, a gravidade influencia a altura das marés. Esta particularidade faz com que o mar fique agitado ou calmo. Da mesma forma, todas as coisas no universo foram feitas para mover de acordo com a providência de Deus.

Por que Alguns Não Acreditam em Deus, o Criador?

Algumas pessoas acreditam em Deus, o Criador, e vivem de acordo com sua palavra. Por que as pessoas, que racionalizam e procuram todas as respostas na ciência, não acreditam em Deus?

Se você aprendeu desde a infância, através de cristãos, que Deus está vivo e que Ele é o Criador, não será difícil acreditar em Deus, o Criador.

Ainda hoje, muitos são influenciados pelo evolucionismo, desde o período escolar, e há tanto "conhecimento" que não significa necessariamente que estão corretos. Devemos associar esse conhecimento àqueles que não acreditam em Deus ou duvidam Dele.

Depois de viver nesse ambiente evolucionista, ao ir até uma igreja ou escutar a palavra de Deus, você encontrará dificuldades e conflitos e não acreditará em Deus, o Criador. Isso se deve ao fato de que todo o seu primeiro conhecimento contradiz ao que escutará na Igreja.

Enquanto você não lidar com os conhecimentos adquiridos no mundo como científicos e não verdadeiros, mesmo se for à Igreja regularmente, você não terá uma fé espiritual – a fé de Deus – livre de qualquer dúvida.

Você não conseguirá crer em Reino dos Céus e Inferno sem fé espiritual. Você considera o mundo visível no único mundo, e vive da sua forma.

Quantas vezes você encontra alguma teoria, que foi aceita em um determinado momento e, posteriormente, substituída por outra? É verdade que algumas teorias convencionais e assertivas estão continuamente sendo revisadas ou complementadas por fatos novos.

Quanto mais o tempo passa, mais a ciência avança, mais as pessoas possuem explicações e teorias, mesmo não estando perfeitas. Não digo, no entanto, que todas as pesquisas dos cientistas estão erradas.

Há ainda muitas coisas na terra que não podem ser explicadas com a capacidade humana, temos que aceitar estes fatos.

Por exemplo, quando falamos no universo, você nunca esteve no universo longe da terra, nunca voltou aos tempos antigos. No entanto, as pessoas tentam explicar a origem do universo com diversas hipóteses e teorias.

Antes de o homem ir à lua, acreditávamos que: "Possivelmente há organismos vivos na lua, e não somente na Terra". Após a jornada do homem na lua, anunciamos que "Não há organismo vivo por lá". Hoje em dia, cientistas dizem "Há uma possibilidade de vida em Marte" ou "Há alguns traços de água no Planeta Vermelho".

Mesmo se você tem pesquisado por um longo período e adquiriu um conhecimento, se você não conhece a vontade, providência e o poder de Deus, o Criador, você continuará enfrentando a limitação da capacidade humana.

Além disso, Romanos 1:20 diz que: *"Pois desde a criação do mundo os atributos invisíveis de Deus, seu eterno poder e sua natureza divina, têm sido vistos claramente, sendo compreendidos por meio das coisas criadas, de forma que tais homens são indesculpáveis".*

Aquele que abrir seu coração e meditar poderá sentir o poder de Deus e Sua natureza divina através das criaturas como o sol, a lua, as estrelas – objetos nos quais Deus permite que você conheça sua existência e que acredite Nele.

Eu Sou Quem EU SOU

Escutando sobre Deus, o Criador, muitas pessoas devem imaginar "Como ele existiu no início?" ou "Com qual aparência Ele existiu?".

O conhecimento e pensamento do homem não passam de um certo limite, que diz que deve ter um início e fim de todas as coisas. No entanto, temos respostas claras a tais questões. Deus existe além da capacidade humana de entendimento, por isso é aquele que ERA, que É e que HÁ DE VIR.

Êxodo 3 relata uma cena na qual Deus ordena a Moisés liderar os Israelitas à terra de Canaã. Moisés, por sua vez, pergunta a Deus como ele poderia responder aos Israelitas, se perguntassem a ele sobre o Deus dos antepassados.

Neste momento, Deus fala a Moisés: *"EU SOU O QUE SOU"*, e ordenou a ele a dizer aos Israelitas: *"O EU SOU ME ENVIOU A VOCÊS"* (Êxodo 3:14).

"EU SOU" é uma frase que Deus usou para referir-se a si mesmo, e significa que ninguém deu à luz a Ele, ou O criou, mas que Ele é o Ser perfeito, o Criador em pessoa.

Deus Era uma Luz com Voz, no Início

Em João 1:1 lemos: *"No princípio era aquele que é a Palavra. Ele estava com Deus, e era Deus"*. Dessa forma, Deus, que era a Palavra, no início era aquele que tinha existência única, sem ter sido criado. Como e onde Ele existe?

Deus é Espírito, então esteve sob a forma de uma Palavra na quarta dimensão, a espiritual, não a terceira que é visível. Deus não existia em nenhuma forma a não ser uma maravilhosa e profunda luz com uma voz pura e clara, e Ele controlava todo o Universo.

Então, em I João 1:5 diz que: *"Esta é a mensagem que Dele ouvimos e transmitimos a vocês: Deus é luz; nele não há treva alguma"*. Há um significado espiritual e uma expressão da característica de Deus que era luz no início.

No início, Deus existiu como luz e com voz. Sua voz era pura, doce e suave, e ecoava por todo o universo. Aqueles que escutaram a voz de Deus puderam entender isso.

Deus, o Criador, existia antes do início dos tempos, planejou criar seus verdadeiros filhos espirituais e procedeu com isso. Com isso, se você entender completamente o Deus EU SOU, você deixará todo o seu jeito de pensar, teorias, esteriótipos e aceitará o trabalho da criação proveniente de Deus.

Ao contrário das coisas criadas por Deus, as coisas feitas por homem possuem limites e falhas. Enquanto o conhecimento e a civilização humana avançam continuamente, melhores produtos são criados, mas ainda possuem inúmeras deficiências.

Alguns fazem ídolos de ouro, prata, bronze e metais e os

chamam de deuses e se prostram a eles parar orar por bênçãos. Eles são apenas imagens metálicas de madeira ou de pedra que não podem respirar, falar, ou piscar os olhos (Habacuque 2:18-19).

Dizendo-se sábias, as pessoas atualmente não discernem entre a verdade e a mentira, mas fazem imagens e as chamam de seus deuses e a louvam (Romanos 1:22-25). Quão enganoso e vergonhoso é isso!

Por essa razão, as pessoas que adoram e servem a esses deuses fúteis, por ignorarem a Deus, devem se arrepender, louvar ao Deus EU SOU, e exercer o posto de filhos de Deus.

Deus é Onisciente e Onipresente

Deus, o Criador, que criou todo universo é o Ser perfeito que existia antes do início dos tempos, e Ele é onisciente e onipresente. A Bíblia nos lembra de numerosas maravilhas e milagres que não podem ser formados pelo poder e conhecimento da humanidade.

Essas poderosas obras do Deus onisciente e onipresente, que são as mesmas ontem e hoje, tomaram lugar nos tempos do Novo Testamento, assim como nos do Velho Testamento, através de muitos homens de Deus que tinham o Seu poder.

Isto é porque, como Jesus disse em João 4:48: *"Se vocês não virem sinais e maravilhas, nunca crerão"*. As pessoas não acreditam, a não ser se puderem ver as obras do Deus todo Poderoso.

Deus Mostra Sinais e Milagres Maravilhosos

Êxodo recorda em detalhes que o Deus onisciente e onipresente fez sinais e milagres maravilhosos, através da vida de Moisés, enquanto trazia os Israelitas do Egito para a terra de Canaã.

Por exemplo, quando Deus enviou Moisés ao Faraó, Rei do Egito, enviou dez Pragas sobre ele e sobre a nação, fez os Israelitas caminhar pela terra seca por causa da divisão do Mar Vermelho e afogou o exército Egípcio quando as águas voltaram ao curso normal.

Até mesmo depois do Êxodo, água saiu da pedra quando Moisés bateu com o seu cajado, água amarga virou água doce, e o maná desceu dos céus para que milhões de pessoas pudessem viver sem se preocupar com o alimento.

Depois, no Velho Testamento, encontramos Deus capacitando Elias para profetizar três anos e meio de seca; a chuva que caiu novamente após sua oração; e o ressuscitamento de mortos.

No Novo Testamento, vemos Jesus, o Filho de Deus, ressuscitando Lázaro que já estava morto há quatro dias, fez os cegos enxergarem, curou várias pessoas doentes e enfermas e expulsou demônios. Ele andou pelas águas e acalmou o mar e os ventos.

Deus também fez milagres extraordinários através das mãos de Paulo, de forma que até os lenços ou aventais que usava eram levados e colocados sobre os doentes e enfermos. As pessoas então eram curadas de suas doenças e os espíritos malignos saíam deles (Atos 19:11-12). Numerosos sinais seguiram Pedro, que foi um dos melhores discípulos de Jesus. O povo levava os doentes às ruas e os colocava em camas e macas, para que, pelo menos a sombra de Pedro se projetasse sobre alguns, enquanto ele passava (Atos 5:15).

Além disso, Deus fez milagres e sinais através de Estêvão e Filipe na Bíblia e Ele continua a mostrar-nos, até mesmo hoje, através de nossa Igreja.

Deus é o Autor da Bíblia

Deus é Espírito, então Ele é invisível, porém Deus sempre se mostrou de várias formas. Deus geralmente se revela através da natureza e especialmente de testemunhos de pessoas que são curadas e que recebem respostas. Ele também se revela com detalhes através da Bíblia.

Diante disso, na Bíblia, você pode conhecer o único e verdadeiro Deus, encontrá-Lo e alcançar a vida eterna realizando as Suas obras. E mais, você pode viver uma vida bem sucedida e dar glória a Deus por entender o Seu coração, entender como amá-Lo e como ser amado por Ele (2 Timóteo 3:15-17).

A Escritura é o Sopro de Deus

O livro de 2 Pedro 1:21 diz que: *"Pois jamais a profecia teve origem na vontade humana, mas homens falaram da parte de Deus, impelidos pelo Espírito Santo"* e em 2 Timóteo

3:16 lemos que: *"Toda a Escritura é inspirada por Deus e útil para o ensino, para a repreensão, para a correção e para a instrução na justiça"*. Isto significa que a Bíblia, de Gênesis a Apocalipse é a palavra de Deus que foi escrita somente pela vontade de Deus.

Além disso, há muitas frases como "Deus diz", "o SENHOR diz" e "o SENHOR Deus diz". Isso confirma que a Bíblia não é a palavra do homem, mas sim de Deus.

A Bíblia possui 66 livros sendo que, 39 livros são do Velho Testamento e 27 são do Novo Testamento. O número de escritores é estimado em 34. O período de escrita da Bíblia vai de 1500 a.C a 100 d.C., ou seja, 1600 anos. O que é maravilhoso é que mesmo com vários autores, a Bíblia é coerente do início ao fim, e cada versículo coincide com outros versículos.

Em Isaías 34:16 lemos: *"Procurem o livro do Senhor e leiam: Nenhum desses animais estará faltando; nenhum estará sem o seu par. Pois foi a sua boca que deu a ordem, e o Espírito os ajuntará"*.

Tal feito foi realizado porque o escritor original da Bíblia é Deus, através do Espírito Santo que penetrou nos corações dos escritores e colocou as letras juntas. O que você deve entender é que os autores da Bíblia são apenas instrumentos e que o escritor original é Deus.

Vou dar um exemplo. Suponha que há uma mãe mais velha que viva em uma área rural. Ela envia uma carta a seu filho mais novo que estuda em uma cidade. Ela é iletrada, envia portanto a mensagem através de outro filho. Quando o filho mais novo receber a carta na cidade, ele pensará que sua mãe enviou a carta, mesmo sabendo que seu irmão mais velho foi quem a escreveu. É a mesma coisa com a Bíblia.

A Palavra de Deus Repleta de Bênçãos e Promessas

A Bíblia foi escrita pelo Espírito de Deus através de seus servos, para que pudessem revelar a Deus. Você deve acreditar no fato de que é a palavra fiel de Deus que O revela.

A palavra de Deus é Espírito e Vida (João 6:63), então aquele que escuta e crê terá vida eterna e receberá vida abundante. Aquele que crê e obedece à palavra de Deus aproveitará uma vida próspera e será um perfeito homem de Deus, em Jesus Cristo.

Deus veio à terra em carne e se mostrou à humanidade, e essa carne era Jesus. Filipe, um discípulo de Jesus, não sabia disso e demandou que Jesus lhe mostrasse Deus. Ele não sabia que Jesus era Deus em carne, como se cumprisse o ditado popular: "O Farol não ilumina sua base".

João 14:8 e os versículos seguintes introduzem o diálogo entre Filipe e Jesus:

> "Disse Filipe: 'Senhor, mostra-nos o Pai, e isso nos basta'. Jesus respondeu: 'Você não me conhece Filipe, mesmo depois de eu ter estado com vocês durante tanto tempo? Quem me vê, vê o Pai'. Como você pode me dizer: 'Mostra-nos o Pai'? Você não crê que eu estou no Pai e que o Pai está em mim? As palavras que eu lhes digo não são apenas minhas. Ao contrário, o Pai, que vive em mim, está realizando sua obra" (João 14:8-10).

Mesmo Jesus dando resposta convincente de que Ele e Deus são um, fazendo milagres que seriam impossíveis sem o Poder de Deus, Filipe queria que Jesus lhes mostrasse o Pai. Jesus pediu para que ele cresse em Seus ensinamentos e nas evidências dos milagres.

Deus veio a este mundo em carne, para se revelar e teve isso escrito na Bíblia porque normalmente é impossível para as pessoas exergarem-NO com olhos humanos.

Conseqüentemente, você terá bênçãos e respostas de Deus na Bíblia, quando possuir uma relação preciosa com o Deus vivo, conhecer Sua vontade e providência, e obedecer à Sua palavra.

Toda Palavra da Bíblia é Verdadeira

Registros históricos permitem a você conhecer sobre as pessoas ou incidentes de uma época específica do passado. A História é um acúmulo de mudanças dos tempos e faz com que você conheça em detalhes coisas, pessoas, ou condições de vida de um determinado período.

A história da humanidade prova que a Bíblia é verdadeira. Você vê que a Bíblia é histórica e real, especialmente quando você observa os incidentes, pessoas, lugares, ou costumes relatados.

Desde que o Velho Testamento foi decretado base de fatos objetivos, tais como peças triviais de informações que ocorreram com indivíduos, pessoas, ou grupos desde o tempo de Adão e Eva, Israel tem considerado o Velho Testamento como um documento sagrado e histórico de sua nação e herança daquele tempo. Até mesmo historiadores concordam que a Bíblia é uma fonte valiosa.

A História Prova a Veracidade da Bíblia

Primeiramente, baseado na Bíblia, eu gostaria de compartilhar a história de Israel com você e provar que a palavra de Deus na Bíblia é verdadeira.

Adão, o pai da humanidade, pecou contra Deus. Então, seus descendentes – todos os seres humanos – foram para o caminho do pecado e viveram sem conhecer a Deus, seu Criador. Apenas depois, Deus escolheu uma nação e revelou Sua vontade e providência a eles.

Primeiramente, Deus chamou Abraão, pai de Isaque, pai de Jacó, e chamou a Jacó de "Israel" e fez de seus doze filhos doze tribos.

Quando Jacó nasceu, Deus o moveu para o Egito e o capacitou a ser uma nação, aumentando os seus descendentes e, finalmente, depois os levou à terra de Canaã.

Deus deu a Moisés a Lei, durante a sua estadia no deserto, treinou os Israelitas a viver de acordo com Sua palavra, e os deixou apenas com ela.

Depois de serem guiados à terra de Canaã, eles prosperaram apenas quando obedeceram à Lei. Quando Israel serviu a ídolos e trilhou por maus caminhos, o poder da nação decaiu e, por isso, sofreram ataques estrangeiros. Os israelitas foram aprisionados e escravizados. Quando se arrependeram, sua nação foi restaurada.

Este ciclo se repetiu várias vezes.

Depois, Deus mostrou a toda raça humana, através da história de Israel, que está vivo e que governa tudo pela Sua palavra.

Você também pode ver que as profecias na Bíblia foram cumpridas ou estão em processo de cumprimento. Por exemplo: em Lucas 19:43-44, Jesus se referia à queda de Jerusalém, dizendo:

> *"Virão dias em que seus inimigos construirão trincheiras contra você, a rodearão e a cercarão de todos os lados. Também a lançarão por terra, você e seus filhos. Não deixarão pedra sobre pedra, porque você não reconheceu a oportunidade que Deus lhe concedeu".*

Nestes versículos, Jesus se referia em como a cidade de Jerusalém seria destruída devido à abominação. Essa profecia foi cumprida em 70 d.C., quando o General Tito do Império Romano fez seus homens construírem uma barragem contra Jerusalém, circulando-a, e matou várias pessoas dentro das muralhas. Isso aconteceu apenas 40 anos após a profecia de Jesus.

Jesus disse em Mateus 24:32: *"Aprendam a lição da figueira: quando seus ramos se renovam e suas folhas começam a brotar, vocês sabem que o verão está próximo".* A figueira aqui simboliza a nação de Israel, e a parábola ensina que Israel será independente quando a segunda vinda de Jesus estiver próxima. Por último, a história testifica que a palavra de Deus se mostrou verdadeira, quando Israel caiu em 70 d.C. e foi milagrosamente restabelecida em 14/05/1948 – 1900 anos após sua destruição.

A Profecia do Velho Testamento e o Cumprimento no Novo Testamento

Eu testifico que a palavra de Deus na Bíblia é verdadeira através do estudo de como as profecias do Velho Testamento foram cumpridas no Novo Testamento.

A Lei do Velho Testamento não era o jeito perfeito de "obter verdadeiros filhos de Deus". Era apenas uma sombra para demonstrar Deus. Isso é porque Deus prometeu a vinda do Messias no Velho Testamento. Quando o tempo chegou, Ele enviou Jesus Cristo a este mundo para cumprir sua promessa.

É evidente que Jesus veio à terra há cerca de 2000 anos. A história ocidental é amplamente dividida em duas épocas, de acordo com o nascimento de Jesus. A.C. significa antes de Cristo e d.C. significa depois de Cristo ou a.D. Anno Domini que significa "no ano de nosso Senhor". Até mesmo a história testifica o nascimento de Jesus.

Vejamos em Gênesis 3:15:

> *"Porei inimizade entre você e a mulher, entre a sua descendência e o descendente dela; este lhe ferirá a cabeça e você lhe ferirá o calcanhar".*

O versículo profetizou que nosso Salvador, semente de uma mulher, viria e destruiria a autoridade da morte. "Mulher" nessa passagem significa Israel. Na verdade, Jesus veio à terra como filho de José, que pertencia à tribo de Judá de Israel (Lucas 1:26-32).

Isaías 7:14 diz: *"Por isso o SENHOR mesmo lhes dará um sinal: a virgem ficará grávida e dará à luz um filho, e o chamará Emanuel"*.

Isso implica que o Filho de Deus será enviado para purificar os pecados do mundo sendo concebido pelo Espírito Santo. De fato, Jesus nasceu de uma virgem – Maria – através do Espírito Santo (Mateus 1:18-25).

Jesus foi profetizado para nascer na região de Belém, conforme escrito em Miquéias 5:2:

> *"Mas tu, Belém-Efrata, embora pequena entre os clãs de Judá, de ti virá para mim aquele que será o governante sobre Israel. Suas origens estão no passado distante, em tempos antigos"*.

Cumprindo Sua palavra, Jesus nasceu em Belém, Judá, durante o reino de Herodes. Até mesmo a história reafirma isso.

O assassinato de muitas crianças inocentes pelo Rei Herodes no tempo do nascimento de Jesus (Jeremias 31:15; Mateus 2:16), a entrada de Jesus em Jerusalém (Zacarias 9:9; Mateus 21:1-11) e Jesus subindo aos céus (Salmo 16:10; Atos 1:9) foram profetizados e cumpridos de acordo.

E mais, a traição de Judas Iscariotes, que seguiu a Jesus por três anos (Salmo 41:9) por trinta moedas de prata (Zacarias 11:12) também foram profetizadas e alcançadas.

Você pode ainda acreditar que a Bíblia é verdadeira e que é a palavra de Deus, especialmente quando você vê que todas as profecias do Velho Testamento foram cumpridas exatamente.

Profecias da Bíblia que Ainda Serão Cumpridas

Deus fez Jesus Cristo, nosso Salvador, cumprindo as profecias do Velho Testamento, durante os tempos do Novo Testamento. Cada profecia de Jesus, o curso da história de Israel e a história da humanidade foram cumpridas sem nenhum erro. O exame minucioso da história do mundo nos leva a crer que todas as palavras de profecia da Bíblia se cumpriram e vão se cumprir.

Os profetas do Velho e do Novo Testamento falaram do nascimento e da queda de um mundo de poder, a destruição e a reconstrução de Jerusalém, e o futuro de pessoas importantes. Muitas profecias na Bíblia foram cumpridas e outras estão sendo cumpridas agora, e as pessoas ainda esperam a segunda vinda de Jesus, o arrebatamento, Os Mil Anos e o Julgamento do Grande Trono Branco. Nosso Senhor está preparando o seu lugar como prometeu (João 14:2), e logo o levará para um lugar eterno.

Nosso mundo sofre de fome, terremotos, condições meteorológicas anormais e acidentes colossais. Você não deve achar que é uma coincidência, mas perceber que a Segunda vinda de Jesus está próxima (Mateus 24:3-14). Você deve alcançar a salvação e se preparar e adornar como uma noiva à espera.

Capítulo 2

DEUS CRIOU E CUIDOU DO HOMEM

- Deus Cria o Ser Humano
- Por Que Deus Criou o Ser Humano?
- Deus Separa o Joio do Trigo

"Deus criou o homem à sua imagem, à imagem de Deus o criou; homem e mulher os criou. Deus os abençoou, e lhes disse: 'Sejam férteis e multipliquem-se! Encham e subjuguem a terra! Dominem sobre os peixes do mar, sobre as aves da terra e sobre todos os animais que se movem pela terra".

Gênesis 1:27-28

Pelo menos uma vez na sua vida, você deve ter questionado sobre sua origem, destino, proposta e o sentido da vida e ter tentado obter respostas. Muitas pessoas tentam vários métodos para resolver problemas, mas esses passam sem a resposta às questões feitas.

Pensadores famosos como Confúncio, Buda ou Sócrates também se empenharam em obter essas respostas fundamentais. Confúncio se focou na moral, e sublinhou que a virtude perfeita era um ideal ético, e fez vários discípulos. Buda fez penitência por muito tempo para livrar-se da existência mundana. Sócrates perseguiu a verdade de sua maneira e pesquisou o verdadeiro conhecimento.

Nenhum deles, no entanto, pôde encontrar uma solução permanente, ou alcançar a verdade genuína, ou até obter vida eterna. Isso é porque a verdade escondida antes da criação do mundo é algo espiritual no qual é invisível e inatingível. Você não poderá encontrar respostas claras sobre a vida até que você entenda a providência de Deus, o Criador, sobre a criação humana.

Deus Cria o Ser Humano

Uma misteriosa formação de órgãos, células e tecidos do corpo humano é imensurável. Deus, que criou o homem à sua maneira, quer filhos nos quais possa compartilhar Seu amor para sempre. Para essa proposta, Deus fez o homem à Sua imagem e semelhança e preparou o homem e o Céu.

Então, como Deus criou todas as coisas no universo e criou o homem?

O Sexto Dia da Criação de Deus

Gênesis 1 descreve bem o processo durante a criação de Deus dos céus e da terra em seis dias. Deus disse: *"Que haja Luz"* e houve luz (Gênesis 1:3). Depois Deus disse: *"Ajuntem-se num só lugar as águas que estão debaixo do céu, e apareça a parte seca"*, e sabemos que assim foi feito. E assim por diante.

Assim como dito em Hebreus 11:3: *"Pela fé entendemos que o universo foi formado pela palavra de Deus, de modo que aquilo que se vê não foi feito do que é visível"*, Deus criou o universo inteiro pela sua palavra.

Deus criou a luz no primeiro dia e criou os céus no segundo. No terceiro dia, quando Deus disse: *"Ajuntem-se num só lugar as águas que estão debaixo do céu, e apareça a parte seca"* (Gênesis 1:9) foi feito e Deus chamou a parte seca de terra e parte das águas de mares. Então Deus disse: *"Cubra-se a terra de vegetação: plantas que dêem sementes e árvores cujos frutos produzam sementes de acordo com suas espécies"*

(Gênesis 1:11) e a terra fez brotar a vegetação: plantas que dão sementes de acordo suas espécies e árvores cujos frutos produzam sementes de acordo com suas espécies. No quarto dia, Deus criou o sol, a lua e as estrelas no vasto céu, e fez com que o sol governasse o dia, e a lua, a noite. No quinto dia, Ele criou as criaturas do mar e todos os seres vivos que povoam a água, de acordo com sua espécie, e todas as aves, de acordo com a sua espécie. No sexto dia, Ele criou os rebanhos domésticos, animais selvagens e os demais seres vivos da terra, de acordo com sua espécie.

O Homem é Criado à Imagem de Deus

Deus, o Criador, preparou um ambiente por seis dias no qual o homem poderia viver, e então criou o homem à Sua imagem. Ele abençoou o homem como senhor de todas as criaturas e disse para que subjugasse a terra.

Deus criou o homem à sua imagem, à imagem de Deus o criou; homem e mulher os criou. Deus os abençoou e lhes disse: "Sejam férteis e multipliquem-se! Encham e subjuguem a terra! Dominem sobre os peixes do mar, sobre as aves do céu e sobre todos os animais que se movem pela terra" (Gênesis 1:27-28).

Como, no entanto, Deus formou o homem?

"Então o Senhor Deus formou o homem do pó da

terra e soprou em suas narinas o fôlego de vida, e o homem se tornou um ser vivente" (Gênesis 2:7).

Neste versículo, o pó se refere à argila. Um habilidoso oleiro, usando argila de qualidade, faz uma porcelana verde-acinzentada ou branca de grande valor. Ao contrário, algumas outras argilas fazem telhados ou tijolos.

O valor de uma peça de barro dependerá de quem a fez, de sua habilidade, do tipo de argila utilizado. Assim como o Deus todo Poderoso, o Criador formou o homem à Sua imagem, como Ele o fez?

Depois de criar o homem à Sua imagem do pó, Deus soprou em suas narinas o fôlego de vida, a energia viva. Assim, o homem se tornou um ser vivente. O fôlego da vida é força, poder, energia e o espírito de Deus.

Deus Sopra o Fôlego da Vida Dentro do Homem

Quando você pensa no processo de uma lâmpada fluorescente irradiando, você pode compreender facilmente o processo no qual o homem foi criado como um ser vivente. Se você quer fazer uma lâmpada fluorescente irradiar, você deve primeiramente preparar uma bem fabricada e plugá-la no local adequado. De qualquer forma, ela não irá irradiar, a não ser que você ligue a corrente elétrica.

A televisão posta em sua casa funciona da mesma forma. Você não poderá ver nada na televisão antes de ligar, mas uma vez ligada, você assistirá a vários tipos de imagens e sons. Você poderá ver outras imagens e sons, mudando de canal. No entanto, no fundo da televisão, partes elaboradas estão conectadas de maneiras muito complicadas.

Da mesma forma, Deus não formou apenas a forma do homem, mas também as partes internas como órgãos e ossos, a partir do pó da terra. Ele fez as veias para que corresse o sangue e o sistema nervoso para que guiasse essas funções perfeitamente.

O poder de Deus pode modificar o pó em pele macia quando e se Ele quiser. Assim como permitimos o fluxo de eletricidade, Ele soprou o fôlego de vida dentro do homem. Assim, o sangue dentro dele começou a circular imediatamente, e ele podia respirar e andar.

E mais, devido às células no cérebro do homem, o homem guarda e memoriza o que escuta e sente nas células cerebrais. O que é armazenado e memorizado se torna conhecimento, e o conhecimento é reproduzido em pensamentos. Quando você utiliza o conhecimento armazenado na vida, você o chama de sabedoria.

Seres humanos, apesar de meras criaturas, aprofundaram seu conhecimento e sabedoria e desenvolveram uma civilização cientificamente elaborada. Agora, eles exploram o universo e constroem computadores e armazenam informações massivas neles ou os reproduzem e se beneficiam tremendamente deles, assim como Deus fez unidades cerebrais de memórias. Foram tão longe, que construíram computadores com inteligência artificial que reconhece cartas e vozes de homens e podem se comunicar com os outros. Eles ficarão mais e mais evoluídos com o passar do tempo.

Como deve ter sido fácil ao Deus todo Poderoso, o Criador, formar o homem do pó da terra e soprar o fôlego de vida para fazer com que se tornasse um ser vivente! É tão fácil para Deus que pode fazer algo do nada, de modo especial e admirável (Salmo 139:13-14).

Por Que Deus Criou o Ser Humano?

Jesus nos ensina a providência de Deus através de muitas parábolas. O reino espiritual não pode ser compreendido pelo conhecimento humano. Por isso, Ele utilizou objetos terrenos em parábolas para fazer você compreender.

Muitas dessas parábolas falam da criação. Por exemplo, a parábola do semeador (Mateus 13:3-23; Marcos 4:3-20; Lucas 8:4-15), parábola do Grão de mostarda (Mateus 13:31-32; Marcos 4:30-32; Lucas 13:18-19), parábola do joio e do trigo (Mateus 13:24-30; 36-46), parábola dos trabalhadores na vinha (Mateus 20:1-16) e a parábola dos lavradores (Mateus 21:33-41; Marcos 12:1-9; Lucas 20:9-16).

Essas parábolas nos mostram que, assim como os fazendeiros limpam as terras, cultivam e colhem a produção, Deus forma e cuida do ser humano na terra e separará o trigo do joio.

Deus Quer Compartilhar o Amor Verdadeiro Com os Seus Filhos

Deus não possui apenas divindade, mas também humanidade.

Divindade é o poder do onisciente e onipresente Deus, o Criador, e humanidade é a mente do homem. Mais, Deus criou e governa todo o universo e quer compartilhar este amor com os Seus filhos.

A Bíblia nos mostra várias maneiras nas quais Deus possui personalidade como a dos seres humanos; se alegra e abençoa o homem quando, criado à semelhança humana, faz o que é certo, mas Ele lamenta e sofre com indignação quando eles cometem pecados. Deus deseja comunicar-se com os seus filhos e dar-lhes as coisas boas que estão expressas em Sua palavra.

Se Deus tivesse apenas a característica Divina, Ele não precisaria descansar depois do sexto dia da criação do universo e não teria uma relação de cumplicidade conosco, dizendo: *"Orem continuamente"* (1 Tessalonicenses 5:17), e *"Clame a mim e eu responderei e lhe direi coisas grandiosas e insondáveis que você não conhece"* (Jeremias 33:3).

Às vezes você quer ficar sozinho, mas pode ficar feliz quando está com amigos semelhantes a você, com quem pode compartilhar o amor. Da mesma forma, Deus criou o homem à Sua imagem e semelhança porque quer trocar amor com alguém. Ele está cuidando do espírito dos homens na terra porque quer que Seus filhos compreendam o Seu coração e O amem como aos seus.

Deus Quer que os Seus Filhos O Amem Pela Sua Própria Vontade

Alguns podem imaginar por que Deus criou e cuida dos seres

humanos, mesmo sabendo que há inúmeros anjos obedientes e que há acolhimento nos Céus. Ainda, a maioria dos anjos não possuem características humanas, as quais são muito importantes no compartilhamento do amor. Em outras palavras, eles não possuem livre arbítrio para escolherem por eles mesmos.

Por exemplo, suponhamos que você tenha duas filhas. Uma delas somente segue suas ordens, sem expressar qualquer emoção, opinião, ou amor, como um robô bem programado. A outra, às vezes, magoa os seus sentimentos, mas logo se arrepende de seus atos, o agarra de forma doce e expressa o seu amor de várias formas. Dessa forma, qual das duas você amará mais? Claro que é a última.

Suponhamos que você agora tenha um robô que cozinhe, limpe a casa e a sirva. Mesmo assim, você não amará mais o robô do que o seu filho. Não importa o tanto que o robô trabalhe para você e o quão útil seja, não poderá substituir o lugar de seu filho.

Da mesma forma, Deus prefere os seres humanos que Lhe obedecem com alegria, através de seu livre arbítrio, com razão e emoção ao invés dos anjos no céu, que agem como robôs programados. Ele dá ao homem o livre arbítrio e a Sua palavra. Depois, Ele lhes ensina o que é bom e mau e qual é o caminho da salvação e o da morte. Ele espera pacientemente até que se tornem filhos verdadeiros.

O Cuidado de Deus Com os Homens Com Afeição Paternal

Está escrito em Gênesis 6:5-6: *"O Senhor viu que a*

perversidade do homem tinha aumentado na terra e que toda a inclinação dos pensamentos do seu coração era sempre e somente para o mal. Então o Senhor arrependeu-se de ter feito o homem sobre a terra, e isso cortou-lhe o coração".

Isso significa que Deus não sabia disso quando criou o homem? Ele sabia absolutamente de tudo isso. Deus é onisciente e onipresente. De forma que Ele sabia de tudo antes do início dos tempos. Entretanto, Ele criou o homem e tem cuidado dele.

Se você é pai, talvez entenda isto mais facilmente. Como é difícil dar à luz a uma criança e criar. Quando uma mulher está grávida, muitas dores a acompanham, como por exemplo, a náusea. Perto do nascimento, a dor aumenta. Para alimentar, vestir, ensinar e criar uma criança, pais fazem grande esforço e trabalham dia e noite. Quando a criança chega tarde em casa, ficam preocupados. Quando os filhos ficam doentes, os pais sentem a dor maior do que a de seus filhos.

Por que os pais criam seus filhos apesar dessas dores e esforços? A razão é que eles procuram algo no qual possam compartilhar seu amor, dar nome, algo que possa sentir o amor deles. Para os pais, até mesmo das dores provêm alegrias. Além disso, filhos lembram seus pais de perto, como são adoráveis! Claro que os filhos não devem ser desobedientes aos pais. Alguns filhos amam e respeitam os pais, mas alguns os atribulam.

Da mesma forma, conhecendo toda a dor de criar um filho, os pais não guardam esses sentimentos. Ao contrário, fazem esforços tremendos, torcem para que cresçam bem e para que sejam fonte de alegria. Deus sabia que o homem poderia desobedecer, se corromper e causar atribulações, mas Ele também sabia que criou filhos que pudessem compartilhar o Seu amor. E mais, Deus fez e criou o homem de bom grado.

Deus Quer Ser Glorificado Por Seus Filhos

Deus está criando o espírito dos homens na terra não somente para obter verdadeiros filhos, mas para ser glorificado por eles. Deus pode receber glórias de uma legião de anjos. No entanto, o que Ele realmente quer é ser glorificado por seus filhos, do fundo do coração.

Deus diz em Isaías 43:7: *"todo o que é chamado pelo meu nome, a quem criei para minha glória, a quem formei e fiz"* e lhe instrui em 1 Coríntios 10:31, *"Assim, quer vocês comam, bebam ou façam qualquer outra coisa, façam tudo para a Glória de Deus"*.

Deus é o Criador, o Amor e a Justiça. Ele nos deu seu único Filho para nos salvar e nos preparou os céus e a vida eterna. Ele é mais do que digno de louvor. Além disso, Ele quer retornar a glória àqueles que lha dão.

Ademais, você deve se tornar um verdadeiro filho de Deus, para que possa compartilhar com Ele amor para sempre, e para que entenda os desejos de Dele para ser glorificado, através de seus filhos espirituais.

Deus Separa o Joio do Trigo

Fazendeiros cultivam a terra porque querem que a colheita

seja abundante. Deus cria o espírito do homem na terra para obter verdadeiros filhos espirituais que não apenas o amem e glorifiquem com todo coração, mas que compartilhem este amor com Ele nos céus eternamente.

Havia o joio e o trigo na plantação, então os fazendeiros separaram o joio do trigo, recolheu-se o trigo nos celeiros, e queimaram o joio com fogo. Da mesma forma, Deus separará o joio do trigo no fim dos tempos:

"Ele traz a pá em sua mão e limpará sua eira, juntando seu trigo no celeiro, mas queimará a palha com fogo, que nunca se apaga" (Mateus 3:12).

Você deve acreditar firmemente que Deus criou o espírito do homem na terra, e em Seu tempo irá fazer a separação – verdadeiros filhos – nos céus para a vida eterna, mas queimará o joio no inextinguível fogo do inferno.

Então, vamos aprofundar no tipo de homem que é o Joio e o Trigo na visão de Deus, e que tipo de lugar é o céu e o inferno.

O Joio e o Trigo

O Trigo simboliza aqueles que aceitaram Jesus Cristo, andaram na verdade e compartilharam o amor com Deus. São os filhos da luz , que descansam em Deus e fazem tudo aquilo que Deus comanda.

Ao contrário, o Joio representa aqueles que não aceitaram a Jesus Cristo ou aqueles que dizem acreditar, mas não vivem a palavra de Deus, vivendo suas próprias vontades.

1 Timóteo 2:4 descreve nosso Deus como aquele *"que deseja que todos os homens sejam salvos e cheguem ao conhecimento da verdade"*. Deus quer que todos os homens se tornem trigo e entrem no céu. Deus está tentando que você perceba isso de várias maneiras e está mostrando-lhe o caminho da salvação. No entanto, algumas pessoas transgridem a vontade de Deus e agem conforme sua vontade. Essas pessoas perderam os valores humanos.

Fazendeiros queimaram o Joio no fogo ou usaram como fertilizantes porque se ambos estivessem no celeiro, o trigo apodreceria. Ainda, Deus não permitirá que o Joio esteja junto com o Trigo no reino dos céus. Diferente dos animais, o homem tem um espírito eterno, porque Deus soprou o sopro da vida, quando os criou.

É inevitável para Deus separar o trigo no céu e deixar que aproveitem eterna alegria, e é também inevitável que queime o Joio no inextinguível fogo do inferno para sempre. Você deve manter isso em mente para que não seja lançado no inferno.

A Beleza dos Céus e o Horror do Inferno

Por um lado, o céu é muito bonito para ser comparado a algo neste mundo. Por exemplo, flores, neste mundo, podem murchar rápido, mas as flores no céu não caem nem murcham, porque tudo no céu é eterno. As ruas são feitas de ouro puro, o Rio da Vida brilha como um cristal puro e as casas são feitas de jóias brilhantes. Tudo é silenciosamente bonito (referência *Céu I &*

II).

Por outro lado, o inferno é onde os vermes não morrem e o fogo não se extingue. Cada um será salgado com fogo (Marcos 9:48-49). Mais adiante, há um lago de fogo de enxofre no inferno que é sete vezes mais quente que o lago de fogo (Apocalipse 20:10, 15). Aqueles que não foram salvos viverão no lago inextinguível de fogo ou no lado de enxofre para sempre. Como deve ser horrível viver lá eternamente (referência em *Inferno*)!

Além disso, Jesus disse em Marcos 9:43: *"Se a sua mão o fizer tropeçar, corte-a. É melhor entrar na vida mutilado do que, tendo as duas mãos, ir para o inferno, onde o fogo nunca se apaga".*

Por que o Deus de amor criou céus e inferno? Se aos homens maus fosse permitido entrar no local onde aqueles que são bons habitam, os céus seriam contaminados pelo mal. Deus criou a livre escolha porque ama os seres humanos.

O Julgamento do Grande Trono Branco

Da mesma forma que o agricultor semeia e ceifa sementes ano após ano, Deus tem cultivado o espírito do homem desde que Adão foi expulso do Jardim do Éden e cuidará até que Jesus volte.

Deus revelou sua vontade aos antepassados como Noé, Abraão, Moisés, João Batista, Pedro e o apóstolo Paulo. Hoje, Ele está continuamente cultivando o espírito do homem através de seus ministros e obreiros. Ainda, assim como o fim vem necessariamente depois do início, o cultivo do espírito do homem não durará para sempre.

2 Pedro 3:8 nos diz: *"Não se esqueçam disto, amados: para o Senhor um dia é como mil anos, e mil anos como um dia".* Assim como Deus descansou no sétimo dia da criação do universo, Jesus está voltando e o Novo Milênio, o período do Sabbat virá depois de 6.000 anos da desobediência de Adão. Depois disso, no julgamento do Grande Trono Branco, Deus permitirá que o trigo entre no céu e lançará o Joio no fogo do inferno.

Além disso, eu oro no nome de Jesus Cristo, para entender a providência de Deus e o amor na criação do ser humano, para levar uma vida abençoada e glorificar a Deus fervorosamente.

Capítulo 3

A ÁRVORE DO CONHECIMENTO DO BEM E DO MAL

- Adão e Eva no Jardim do Éden
- Adão Desobedeceu por Sua Vontade
- O Salário do Pecado é a Morte
- Por Que Deus Colocou a Árvore
  do Conhecimento no Jardim do Éden?

"O Senhor Deus colocou o homem no jardim do Éden para cuidar dele e cultivá-lo. E o Senhor Deus ordenou ao homem: 'Coma livremente de qualquer árvore do jardim, mas não coma da árvore do conhecimento do bem e do mal, porque no dia em que dela comer, certamente você morrerá'".

Gênesis 2:15-17

Aqueles que não conhecem o grande amor do Deus Criador e a Sua profunda providência para criar seus verdadeiros filhos, podem perguntar: "Por que Deus colocou a árvore do conhecimento do bem e do mal no Jardim do Éden?" "Por que Ele permitiu que o único homem seguisse o caminho da destruição?" Alguns acreditam que talvez o homem não morresse e aproveitasse uma feliz vida no Jardim do Éden, se Deus não tivesse colocado a árvore no jardim.

Alguns ainda dizem: "Deus não sabia que adiante Adão iria comer do fruto da árvore do conhecimento do bem e do mal" porque não acreditam na onisciência e onipresença de Deus. Ele colocou a árvore no Jardim do Éden sem conhecer a desobediência futura de Adão? Ou Deus colocou a árvore no Jardim, de propósito, e deixou que o homem trilhasse o caminho da morte? Claro que não!

Então, por que Deus colocou a árvore do conhecimento do bem e do mal no meio do Jardim do Éden? Por que Adão desobedeceu ao comando de Deus e seguiu o caminho de morte?

Adão e Eva no Jardim do Éden

Deus formou o homem do pó do chão e soprou em suas narinas o fôlego de vida, e o homem se tornou ser vivente (Gênesis 2:7). Um ser vivente é um ser espiritual que não possui nenhum conhecimento quando é inicialmente criado. Vamos dar um pequeno exemplo. Um recém-nascido não possui conhecimento nem sabedoria. O recém-nascido possui uma memória em seu cérebro, mas nunca viu, ouviu e nada lhe foi ensinado. Então o bebê somente age por instinto.

Da mesma forma, Adão não tinha conhecimento ou sabedoria espiritual, quando se tornou ser vivente.

Adão Aprendeu o Conhecimento da Vida Através de Deus

Deus colocou o Jardim no Leste, no Éden, e pôs Adão para viver nele. Deus deu a Adão o conhecimento da verdade e da vida e, andando com ele, lhe mostrou tudo, para que tivesse o controle e administrasse o Jardim do Éden.

Em Gênesis 2:19 lemos: *"Depois que formou da terra todos os animais do campo e todos os animais do campo e todas as aves do céu, o Senhor Deus os trouxe ao homem para ver como este lhes chamaria; e o nome que o homem desse a cada ser vivo, esse seria o seu nome"*. Adão foi preparado com o conhecimento da vida suficiente para governar o Éden.

Ainda, para Deus não pareceu bom que Adão permanecesse sozinho. Portanto, Deus fez o homem cair em profundo sono para lhe fazer uma ajudante. Deus retirou uma costela do homem, fechando o lugar com carne, enquanto o homem dormia. Então criou a mulher da costela que retirou do homem. Deus uniu o homem e sua mulher, e eles se tornaram uma só carne (Gênesis 2:20-22).

Isso ocorreu não porque Adão se sentiu só, mas porque Deus tinha ficado sozinho por muito tempo e sabia o que era a solidão. O grande amor de Deus e Sua graça fizeram com que criasse uma ajudante a Adão, e Ele, conhecendo o futuro de Adão, abençoou o homem e sua mulher, para que fossem férteis e povoassem a terra.

A Longa Vida de Adão no Jardim do Éden

Depois, quanto tempo viveu Adão e sua mulher no Jardim do Éden? A Bíblia não discute isso em detalhes, mas você deve saber que eles viveram muito mais tempo do que se imagina.

A Bíblia nos diz estes fatos em poucos versículos. Algumas pessoas pensam que Adão comeu o fruto proibido e caiu em destruição logo após ter sido colocado no Jardim do Éden. Alguns perguntam: "A Bíblia diz que a história do homem é aproximadamente de 6.000 anos, mas como explicar fósseis datados há muito mais tempo atrás?"

A história da criação do homem na Bíblia foi há aproximadamente 6.000 anos atrás, tempo no qual Adão e Eva foram expulsos do paraíso. Este período não inclui o tempo que viveram no Éden. Enquanto o tempo passava, ocorreram grandes mudanças geológicas e geográficas, como a crosta terrestre e vários ciclos de reprodução e extinção. Como discutido no capítulo 1, muitos fósseis atestam este fato.

Assim como Deus abençoou Adão e sua esposa em Gênesis 1:28, o primeiro homem Adão, antes da maldição, andou com Deus e teve vários filhos por um longo período e povoou o Éden. Como senhor de todas as criaturas, Adão subjugou e administrou a terra como no Jardim do Éden.

Adão Desobedeceu por Sua Vontade

Deus deu a Adão e Eva livre-arbítrio e permitiu que ambos aproveitassem abundância e alegria no Jardim do Éden. Ainda, há uma coisa que Deus proibiu que fizessem. Deus disse que não comessem da árvore do conhecimento do bem e do mal.

Se Adão conhecesse a profundidade do coração de Deus e O amasse verdadeiramente, ele não teria comido do fruto proibido porque conheceria o comando de Deus. No entanto, ele não obedeceu a este comando específico, pois não amava a Deus verdadeiramente.

Deus colocou a árvore do conhecimento do bem e do mal no Jardim do Éden e estabeleceu uma lei severa entre Ele e o homem. Ele permitiu que o homem utilizasse o seu livre-arbítrio. Assim Deus o fez, porque Deus queria que seus verdadeiros filhos Lhe obedecessem do fundo do coração.

Adão Negligenciou a Palavra de Deus

Na Bíblia, Deus promete bênçãos àqueles que obedecem a seus ensinamentos e guardam Sua palavra (Deuteronômio 15:4-6; 28:1-14). Ainda, quem obedece a seus ensinamentos? Até mesmo a Bíblia nos diz que há poucos no mundo que o fazem.

Deus deveria ter ensinado ao primeiro homem – Adão – que ele poderia experimentar bênçãos e vida eterna se Lhe obedecesse, e que alcançaria a morte se fizesse o contrário. Deus alertou para que não comesse da árvore do conhecimento do bem e do mal.

Adão e Eva ignoraram os ensinamentos de Deus e comeram o fruto proibido. Satanás tentou frustrar os planos de Deus para criar verdadeiros filhos espirituais desde o início. Por fim, Satanás conseguiu seu feito, fazendo com que ambos comessem do fruto através de uma serpente – que era a mais astuta dos animais (Gênesis 3:1). Adão e Eva, portanto, desobedeceram a Deus. Mas como Adão desobedeceu aos ensinamentos e ordem de Deus, sendo que era um ser vivente e foi ensinado somente a ser verdadeiro a Deus?

Em Gênesis 2:15, encontramos que Deus colocou o homem no Jardim do Éden para cuidar dele e cultivá-lo. Adão recebeu de Deus poder e autoridade para governar e cuidar. Deus o ensinou para que Satanás não rompesse este vínculo. Todavia, Satanás não falhou em seu intento e controlou a serpente e tentou Adão e Eva. Como isso foi possível?

Em uma palavra, Satanás é um espírito do mal que possui autoridade no reino do ar. Ele não possui forma. Em Efésios 2:2,

Satanás é caracterizado como príncipe do poder do ar, como o espírito que agora está atuando nos que vivem na desobediência.

Devido ao fato de Satanás ser como ondas de rádio no ar, Satanás poderia ter controlado a serpente para tentar Adão e Eva. Gênesis 1 nos revela uma frase especial que se repete muito. Ao final de cada dia da criação, constatamos que se repete: "E Deus viu que ficou bom". Esta sentença, no entanto, não foi pronunciada no segundo dia da criação.

Novamente, em Efésios 2:2 fala sobre o tempo *"nos quais costumavam viver, quando seguiam a presente ordem deste mundo e o príncipe do poder do ar, o espírito que agora está atuando nos que vivem na desobediência".* Deus já sabia que o espírito do ar teria autoridade sobre o reino do ar.

Eva Caiu na Tentação da Serpente

A serpente é apenas um dos animais do campo. Como sucedeu em tentar Eva a desobedecer à ordem de Deus?

No Jardim do Éden, o homem podia se comunicar com todos os seres como as flores, árvores, pássaros, animais e assim por diante. Eva também podia se comunicar com a serpente. Originalmente, as serpentes eram amadas pelo homem e viviam em harmonia até aquele dia. Eram agradáveis, limpas, grandes, de formas cilíndricas e sábias. Eram as favoritas de Eva. É o mesmo com cães que são os preferidos de seus donos por serem espertos e o acompanharem melhor do que qualquer outro animal.

Muitas pessoas dizem: "Serpentes são terríveis, venenosas e nojentas". Elas detestam serpentes quase que instantaneamente, pois foram elas que enganaram o primeiro homem e sua esposa a descumprir a ordem de Deus e os colocaram no caminho da morte.

Para entender a natureza da serpente, você precisará entender a característica do terreno original. Cada solo possui diferentes elementos e composição. Conforme os elementos do solo, ele pode ser rico ou pobre. Quando Deus criou todos os tipos de animais do campo e todas as aves do céu, Ele selecionou o solo que era apropriado para cada animal (Gênesis 2:19).

Deus não fez com que a serpente fosse astuta no início. Deus a fez sábia o suficiente para ser amada pelo homem. Mesmo assim, a serpente se tornou astuta quando a natureza má se apossou dela. Se a serpente não tivesse recebido a voz de Satanás, mas guardado somente a vontade de Deus, teria se tornado um bom e sábio animal. Por ter obedecido à voz de Satanás, no entanto, a serpente se tornou um animal astuto e enganou Eva, e a levou ao caminho da morte.

Por Que Eva Mudou a Palavra de Deus

A serpente sabia daquilo que Deus tinha dito a Adão: *"Coma livremente de qualquer árvore do jardim, mas não coma da árvore do conhecimento do bem e do mal, porque no dia em que dela comer, certamente você morrerá"* (Gênesis 2:16-17). Então a serpente astutamente perguntou à Eva: "Foi isto mesmo que Deus disse: Não comam de nenhum fruto das árvores do jardim?"

Como Eva respondeu?

Podemos comer do fruto das árvores do jardim, mas Deus disse: "Não comam do fruto da árvore que está no meio do jardim, nem toque nele, do contrário vocês morrerão" (Gênesis 3:2-3).

Deus deu a Adão uma advertência clara: *"mas não coma da árvore do conhecimento do bem e do mal, porque no dia em que dela comer, certamente você morrerá"* (Gênesis 2:17). Ele enfatizou que não ficariam vivos se comessem do fruto. No entanto, a resposta de Eva não foi tão óbvia. Ela respondeu vagamente: "do contrário vocês morrerão". Ela omitiu a palavra "certamente". Em outras palavras, ela quis dizer: "Se comer do fruto, poderá ou não morrer".

Ela não guardou a palavra de Deus em sua mente e duvidou da palavra um pouco. Depois de ter escutado sua vaga e duvidosa resposta, a serpente a tentou. Ela até distorceu a palavra de Deus. A serpente disse à mulher: "Certamente não morrerá". Ela começou a modificar a ordem de Deus e a encorajar a mulher: *"Deus sabe que, no dia em que dele comerem, seus olhos se abrirão, e vocês, como Deus, serão conhecedores do bem e do mal"* (Gênesis 3:5). Isso a tentou novamente, estimulando sua curiosidade ainda mais.

Eva Desobedeceu de Acordo com o Seu Livre-Arbítrio

Depois, Satanás soprou sobre a mulher desejos pecaminosos em seu pensamento, a árvore parecia agora diferente do que era antes. Em Gênesis 3:6 lemos: *"Quando a mulher viu que a árvore parecia agradável ao paladar, era atraente aos olhos e, além disso, desejável para dela se obter discernimento, tomou do seu fruto, comeu-o e o deu a seu marido, que comeu também".*

Ela deveria ter suportado a tentação. O medo do pecador, a luxúria nos olhos e o orgulho a consumiram e a levaram ao caminho da desobediência.

Alguns dizem: "Adão e Eva comeram do fruto da árvore do conhecimento do bem e do mal porque tinham uma natureza pecaminosa"? Eles não tinham esta natureza, e sim apenas bondade, antes de desobedecerem a Deus. Tinham, no entanto, o livre-arbítrio pelo qual podiam ou não comer do fruto.

Eles negligenciaram a ordem de Deus. Foram tentados pelo Diabo e caíram no engano. Dessa forma, o pecado veio sobre eles e violaram a ordem que havia sido estabelecida por Deus.

Um caso similar ocorre quando crianças crescem no mal. Até mesmo uma criança que é ímpia nas escrituras e na palavra não é má desde o nascimento. No início, ela imita palavras rudes ou maldições de outras crianças sem saber seu significado. Ou até pode acompanhar um garoto importunando outro, e se divertir ao ver que está chorando. Então ele continua importunando outros e o mal é concebido e cresce nele.

Da mesma forma, Adão não possuía a natureza pecaminosa desde o início. Quando ele desobedeceu ao comando de Deus e comeu do fruto da árvore através de seu livre-arbítrio, o mal foi concebido e tomou conta dele.

O Salário do Pecado é a Morte

Assim como Deus disse a Adão: "Não coma da árvore do conhecimento do bem e do mal. Quando comer dela, certamente morrerá", Adão e Eva certamente morreram após terem comido da árvore. Está escrito em Tiago 1:15: *"Então esse desejo, tendo concebido, dá a luz ao pecado, após ter se consumado, gera a morte"*.

Romanos 6:23 nos ensina a lei do reino espiritual sobre o resultado do pecado, "O salário do pecado é a morte". Veremos adiante como a morte veio a Adão e Eva devido à desobediência.

Morte de Seus Espíritos

Deus claramente disse a Adão: *"Coma livremente de qualquer árvore do jardim, mas não coma da árvore do conhecimento do bem e do mal, porque no dia em que dela comer, certamente você morrerá"*. Porém, eles não morreram imediatamente após a desobediência. Eles viveram uma vida bem longa e tiveram vários filhos. Então, a qual morte se referia Deus?

Ele não quis dizer a morte de seus corpos, e sim a de seus espíritos. O homem é criado com um espírito que é capaz de se comunicar com Deus, uma alma que se serve do espírito, e um corpo no qual o espírito e a alma habitam. Em 1 Tessalonicenses 5:23 encontramos: o homem é composto de espírito, alma e corpo. Quando Adão e Eva desobedeceram à ordem de Deus, o seu espírito, a essência do homem, morreu.

Deus é puro e sem mácula e o Espírito Santo habita em uma

inacessível luz, por isso pecadores não podem estar com Ele. Adão se comunicou com Deus quando era Espírito, mas não pôde mais depois do ocorrido, pois seu espírito morreu por causa do pecado.

O Começo de Uma Vida Dolorosa

O Jardim do Éden era um lugar de abundância e muito bonito, onde não havia preocupação e ansiedade, e Adão e Eva podiam viver para sempre comendo da árvore da vida. Mas eles foram expulsos do Jardim após terem pecado. Daquele dia em diante, seus problemas e preocupações começaram.

A mulher começou a ter dores no parto. O seu desejo é o de seu marido e o mesmo a governa. Maldita foi a terra por isso, com sofrimento tinham que se alimentar dela, todos os dias de suas vidas (Gênesis 3:16-17).

Deus diz a Adão em Gênesis 3:18-19: *"Ela lhe dará espinhos e ervas daninhas, e você terá que alimentar-se das plantas do campo. Com o suor de seu rosto você comerá o seu pão, até que volte à terra, visto que dela foi tirado, porque você é pó, e ao pó voltará"*. Através destes versos, Deus mostra que o homem voltará ao pó.

Porque Adão, o pai da humanidade, cometeu pecado e desobediência e seu espírito morreu, todos os seus descendentes são pecadores e estão no caminho da morte.

Romanos 5:12 nos lembra do que houve com Adão: *"Portanto, da mesma forma como o pecado entrou no mundo por um homem, e pelo pecado a morte, assim também a morte veio a todos os homens, porque todos pecaram".*

Todos Os Homens Pecaram

Deus capacita as pessoas para que possam ser férteis e para que possam se multiplicar através das sementes de vida que lhes deu, quando os criou. As pessoas são concebidas pela união do esperma e do óvulo. Pelo fato de terem características de cada um dos pais, o bebê concebido possui as características de ambos, aparência, gosto, hábito, preferência, postura e por aí vai.

Da mesma forma, a natureza pecaminosa de Adão passou para toda sua descendência depois que o "pai da humanidade" pecou. É chamado de "o pecado original". Os descendentes de Adão nascem com o pecado original. Então todos os homens são inevitavelmente pecadores.

Alguns incrédulos reclamam: "Por que ou como eu sou um pecador? Eu não cometi nenhum pecado". Outros perguntam: "Como os pecados de Adão passaram para mim?"

Vamos dar um exemplo de uma criança. Uma mãe, no período de amamentação, tem uma criança de quase um ano. Ela amamenta uma criança na frente de seu filho. É bem provável que o bebê fique chateado e tente afastar o outro bebê. Se a mãe não parar de amamentar o outro bebê ou o bebê parar de sugar, seu filho poderá empurrar ou acertar a mãe ou o outro bebê.

Mesmo sabendo que ninguém ensinou ao pequenino a inveja, ódio, rancor, o bebê possui esses sentimentos em sua mente desde que nasceu. Este fato explica que todo homem nasce com o pecado original herdado de seus pais.

Quando mais cada pessoa peca durante sua vida? Você deve entender que não somente o ato é pecado, mas também todo tipo de pensamento mau diante de Deus, que é a própria luz. Deus procura e percebe o mal nas mentes como o ódio, cobiça, condenação e muito mais.

Além disso, a Bíblia nos diz que ninguém será considerado justo diante de Deus baseando-se na obediência da Lei. Todos pecaram e estão destituídos da Glória de Deus (Romanos 3:20, 23).

Não Apenas o Homem, mas Também Todas as Coisas Foram Amaldiçoadas

Quando Adão, que era o senhor de todas as coisas, pecou e foi amaldiçoado, a terra e a criação, todos os animais do campo e os pássaros no céu foram amaldiçoados junto com ele. Desde então, insetos comuns como moscas e mosquitos passaram a ser perigosos, transmitindo todo tipo de doença.

A terra começou a produzir cardos e espinhos, o homem passou a colher plantas para alimentar-se com trabalho árduo e o suor de seu rosto. O homem foi forçado a encarar lágrimas, tristezas, dores, doenças e morte devido à maldição na qual foram submetidos.

Adiante, em Romanos 8:20-22 lemos: *"Pois ela foi submetida à inutilidade, não pela sua própria escolha, mas por causa da vontade daquele que a sujeitou, na esperança de que a própria natureza criada será libertada da escravidão da decadência em que se encontra, recebendo a gloriosa liberdade dos filhos de Deus. Sabemos que toda a natureza criada geme até agora, como em dores de parto".*

Depois, como a serpente foi amaldiçoada? Em Gênesis 3:14, Deus disse à astuta serpente que tentou o homem ao pecado: *"Uma vez que você fez isso, maldita é você entre todos os rebanhos domésticos e entre todos os animais selvagens! Sobre o seu ventre você rastejará, e pó comerá todos os dias de sua vida".* Serpentes, no entanto, não comem o pó da terra, mas animais como pássaros, sapos, ratos ou insetos. Deus disse claramente: "e pó comerá todos os dias de sua vida". Como interpretar esse versículo?

O *"pó"* aqui simboliza *"homem que foi formado do pó da terra"* (Gênesis 2:7), e *"a serpente"* o inimigo – Diabo Satanás (Apocalipse 20:2). "Pó comerá todos os dias de sua vida" simboliza que Satanás se alimenta daqueles que não acreditam na palavra de Deus e que andam nas trevas.

Até mesmo os filhos de Deus enfrentam problemas e tribulações, de modo que Satanás os importuna, se pecam contra a vontade de Deus. Hoje, Satanás anda ao redor como um leão, rugindo e procurando a quem possa devorar (1 Pedro 5:8). Se encontrar alguém, irá escravizar debaixo da maldição do pecado e levar a pessoa ao caminho da destruição. Quando possível, ele tenta até mesmo os filhos de Deus.

Satanás tenta aqueles que dizem: "Eu creio em Deus", mas que não estão firmes na Sua palavra e os levam ao caminho da morte. Usualmente, Satanás tenta usando pessoas que estão próximas a você, como seu cônjuge, amigo e parentes – da mesma forma que tentou Eva através da serpente.

Por exemplo, seu marido ou esposa perguntam: "Não é suficiente que você vá ao culto somente domingo de manhã?" ou "Você tem que se reunir todos os dias?" "Deus conhece e sonda os corações no mais profundo, por ser onisciente e onipresente. Você tem que clamar tanto?"

Deus pediu que guardássemos o sétimo dia para santificá-lo (Êxodo 20:8), reunir-se em nome Dele (Hebreus 10:25), clamar a Ele (Jeremias 33:3). Satanás não poderá tentar aqueles que guardam a palavra de Deus completamente (Mateus 7:24-25).

Está escrito em Efésios 6:11: *"pois a nossa luta não é contra os seres humanos, mas contra os poderes e autoridades, contra os dominadores deste mundo de trevas, contra as forças espirituais do mal nas regiões celestiais"*, portanto, você deve se manter firme na palavra de Deus, lançando fora o inimigo, pela fé.

Por Que Deus Colocou a Árvore do Conhecimento no Jardim do Éden?

Deus não colocou a árvore do conhecimento do bem e do mal no Jardim do Éden para levar o homem à destruição, mas para dar-lhe a verdadeira felicidade. Não compreendendo o seu profundo plano, muitos confundem o amor e a justiça de Deus e não crêem. Possuem uma vida inerte, sem a verdadeira proposta de Deus.

Então, por que Deus colocou a árvore do conhecimento do bem e do mal no Jardim do Éden e por que isso nos traz grandes bênçãos?

Adão e Eva Não Conheciam a Verdadeira Felicidade

O Jardim do Éden era abundante e maravilhoso, muito além de sua imaginação. Deus criou todos os tipos de árvores e as fez crescer. Elas eram agradáveis aos olhos e as frutas eram boas para comer. No meio do Jardim do Éden estava a árvore da vida e a do conhecimento do bem e do mal (Gênesis 2:9).

Então, por que Deus colocou a árvore do conhecimento do bem e do mal no meio do Jardim, perto da árvore da vida? Para que pudessem ser vistas? Deus nunca teve a intenção de levar o homem ao caminho da destruição, tentando-o, para que comesse da árvore. Havia uma razão para que Deus assim o fizesse. Para que entendêssemos através da árvore do conhecimento do bem e do mal e nos tornássemos verdadeiros filhos espirituais que sentem Seu coração.

Enquanto as pessoas experimentam tristeza, pobreza ou doenças, alguns podem imaginar que Adão e Eva viviam muito felizes no Jardim do Éden, porque não haviam sofrido com os males deste mundo. No entanto, eles não conheciam o amor verdadeiro e nem a verdadeira felicidade.

Dou-lhes um exemplo. Existem dois garotos. Um nasceu e cresceu na pobreza e o outro nasceu na riqueza e felicidade. Se você der um brinquedo bem caro como presente, que tipo de resposta cada criança dará? O garoto que nasceu em meio à influência não será tão grato, porque raramente sente o valor do brinquedo. Por outro lado, o garoto que cresceu na pobreza será muito grato ao presente e o terá como algo precioso.

A Verdadeira Felicidade é Relativa

Da mesma forma, aqueles que experimentaram um pouco de liberdade ou abundância sabem o que é a verdadeira felicidade e liberdade. Diferentemente do Jardim do Éden, existem muitas coisas relativas neste mundo. Se você deseja saber e apreciar o verdadeiro valor de algo por inteiro, você deve experimentar o seu oposto. Você não pode perceber seu verdadeiro valor completamente até que conheça seus efeitos contrários.

Por exemplo, se você deseja conhecer a verdadeira felicidade, deverá experimentar a tristeza. Se quiser conhecer o valor do verdadeiro amor, deverá conhecer o ódio. Você não entenderá o valor de sua perfeita saúde, até que esteja com dores ou doente. Você não imaginará o valor da vida eterna e não será grato a Deus – o Pai, que preparou aos justos o Céu – até que entenda que existe morte e inferno.

O primeiro homem – Adão – desfrutou de tudo o que queria comer e tinha autoridade para administrar todas as coisas no Jardim do Éden. Ele obteve todas essas coisas sem o suor de seu rosto ou trabalho árduo. Por essa razão, ele não expressou gratidão a Deus, que lhe deu tudo. Não conheceu sua Graça e não O amou com todo coração.

Depois, Adão desobedeceu à ordem de Deus, comendo do fruto. Ele era um ser vivente até então, mas, depois de ter pecado, seu espírito morreu e ele se tornou um homem de carne. Ele e sua mulher foram expulsos do paraíso e vieram morar na terra. Ele começou a sofrer tudo aquilo que não tinha experimentado no Jardim do Éden: lágrimas, tristezas, doenças, dores, pobreza, morte e assim por diante. Por fim, ele passou a vivenciar todas as situações opostas à felicidade do Jardim do Éden.

Em tal processo, Adão e Eva puderam entender e sentir o que era felicidade e tristeza e o que era a liberdade e abundância que Deus lhes deu no Jardim do Éden.

Sua vida não terá sentido algum, se viver para sempre sem saber o que significa tristeza e felicidade. Mesmo se está sofrendo agora, sua vida será mais significativa e valorosa se sentir a verdadeira felicidade depois.

Por exemplo, mesmo que os pais saibam que os filhos possuem dificuldades em estudar, mandam-nos para a escola. Se amam seus filhos, irão ajudá-los arduamente a estudar e experimentar as coisas boas. É o mesmo caso com o coração de Deus, que enviou o homem a este mundo e o cultivou como seu verdadeiro Filho, através de todos os tipos de experiência.

Pela mesma razão, Deus colocou a árvore do conhecimento do bem e do mal no Jardim do Éden e não preveniu Adão e Eva de comer do fruto de sua própria vontade. Ele planejou todas as coisas, para que o homem pudesse experimentar todo tipo de alegria, raiva, tristeza e prazer neste mundo e tornar Seus verdadeiros filhos.

Através de experiências dolorosas, eles puderam finalmente compreender o verdadeiro valor e significado destas coisas, uma por uma, do fundo do coração.

Porque aprenderam e sentiram verdadeira felicidade através da criação do homem, os filhos de Deus não O trairão novamente como Adão fez no Jardim do Éden, não importando quanto tempo passe. Ao contrário, eles amarão a Deus mais, encher-se-ão se alegria e glorificarão o Seu nome.

Verdadeira Felicidade no Céu

Os filhos de Deus que experimentaram lágrimas, tristeza, dor, doenças e morte neste mundo entrarão no Reino dos Céus e terão felicidade, amor, alegria e ações de graças para sempre. Sentirão a perfeita e verdadeira alegria no Céu.

Neste mundo terreno, tudo apodrece e morre, mas isso não ocorre na vida eterna, no Reino dos Céus. O ouro é muito valorizado neste mundo mas, na Nova Jerusalém dos Céus, as ruas são feitas de ouro puro. As casas são feitas de jóias preciosas. Quão maravilhosos serão!!!

Eu achava que o ouro e as jóias eram muito valiosas, até que conheci Deus. Depois que conheci sobre a vida eterna nos céus, comecei a considerar tudo neste mundo sem valor. A vida neste mundo é um momento, comparado ao reino eterno. Se você crê e espera pela vida eterna no céu, você nunca amará este mundo. Ao contrário, você somente pensará no que pode fazer para salvar uma pessoa ou como evangelizar várias pessoas ao redor do mundo. Você acumulará tesouros no Céu dando o seu melhor a Deus, com todo o seu coração, sem tentar acumular tesouros aqui na terra.

O apóstolo Paulo podia ter trilhado o seu duro caminho ao fim com alegria e gratidão, porque Deus lhe mostrou o terceiro céu em uma visão. Ele teve que suportar sofrimentos tremendos como apóstolo dos Gentios. Deus lhe mostrou a grande beleza do céu e o encorajou a seguir o caminho até o fim, pela esperança do Céu. Ele apanhou com vara, foi açoitado severamente, atordoado, aprisionado e teve seu sangue derramado ao pregar o evangelho do Senhor. Apesar de todas essas coisas, Paulo sabia que tinha seu galardão no céu. No fim, todo seu sofrimento virou bênçãos celestiais.

Homens de Deus não têm esperança neste mundo. Eles esperam apenas no Reino dos Céus. Este mundo é um momento na visão de Deus, mas a vida nos Céus é para sempre. Lá não haverá lágrimas, tristezas, sofrimentos ou morte. Viverão felizes esperando pelo galardão que Deus preparou, de acordo com o que fizeram.

Com isso, eu oro no nome de Jesus Cristo, para que você entenda o grande amor e a providência de Deus, o Criador, e que se prepare para entrar no Céu, para que tenha vida eterna e a verdadeira felicidade em um bonito, surpreendente e glorioso céu.

Capítulo 4

O Segredo Escondido Antes do Início dos Tempos

- A Autoridade de Adão Entregue
  ao Diabo
- A Lei da Redenção na Terra
- O Segredo Escondido Antes
  do Início dos Tempos
- Jesus é Qualificado de Acordo Com a Lei

"Entretanto, falamos de sabedoria entre os que já têm maturidade, mas não da sabedoria desta era ou dos poderosos desta era, que estão sendo reduzidos a nada. Ao contrário, falamos da sabedoria de Deus, do mistério que estava oculto, o qual Deus preordenou, antes do princípio das eras, para a nossa glória. Nenhum dos poderosos desta era o entendeu pois, se o tivessem entendido, não teriam crucificado o Senhor da Glória".

1 Coríntios 2:6-8

Adão e Eva foram tentados pela serpente no Jardim do Éden, desobedeceram à ordem de Deus e comeram do fruto da árvore do conhecimento do bem e do mal, porque desejaram ser como Deus em seus pensamentos. Como resultado, eles e todos os seus descendentes se tornaram pecadores.

Da perspectiva de um ser humano, Adão e Eva foram ensinados a ser miseráveis por terem sido expulsos do Jardim do Éden e terem que seguir um caminho de morte. Espiritualmente falando, no entanto, é uma bênção incrível de Deus a chance que temos de experimentar a salvação, vida eterna e as bênçãos eternas através de Jesus Cristo.

Através da criação do homem, o mistério estava oculto para sua glória. Antes do início dos tempos foi revelado e o caminho da salvação foi amplamente aberto a todas as nações. Vamos nos aprofundar nesse mistério oculto antes do início dos tempos e como o caminho da salvação foi feito.

A Autoridade de Adão Entregue ao Diabo

Em Lucas 4:5-6, encontramos a passagem na qual o Diabo tenta Jesus que havia terminado os 40 dias de jejum:

O Diabo o levou a um lugar alto e mostrou-lhe num relance todos os reinos do mundo. E lhe disse: "Eu te darei toda a autoridade sobre eles e todo o seu esplendor, porque me foram dados e posso dá-los a quem eu quiser"

O Diabo disse que poderia dar toda autoridade a Jesus, porque havia recebido antes de alguém. Por que Deus, que governa todas as coisas, permitiu que toda autoridade fosse dada ao Diabo?

Está escrito em Gênesis 1:28: *"Deus os abençoou e lhes disse: 'Sejam férteis e multipliquem-se! Encham e subjuguem a terra! Dominem sobre as aves do céu e sobre todos os animais que se movem pela terra'"*.

Adão recebeu a autoridade e o poder para governar e subjugar sobre todas as coisas. Ele era o senhor de todas as coisas, mas depois de um longo tempo, ele e sua mulher foram enganados pela astuta serpente e comeram do fruto da árvore do conhecimento do bem e do mal. Ele cometeu o pecado da desobediência diante de Deus.

Está escrito em Romanos 6:16: *"Não sabem que, quando vocês oferecem a alguém para lhe obedecer como escravos, tornam-se escravos daquele a quem obedecem: escravos do pecado que leva à morte, ou da obediência que leva à justiça?"*. Você é escravo do pecado ou da justiça. Se cometer pecados, você será escravo do pecado e morrerá. Se você obedece à palavra da justiça, no entanto, é um escravo da justiça e entrará no céu.

Adão cometeu o pecado da desobediência a Deus e se tornou escravo do pecado. Dessa forma, não pôde mais ter a autoridade e o poder que Deus lhe havia dado. Ele teve que dar a autoridade e poder ao Diabo, assim como todas as coisas de um escravo pertencem naturalmente ao seu senhor. Adão deu sua autoridade e poder, que Deus havia lhe dado, para o Diabo, pois se tornou escravo do pecado.

A desobediência de Adão resultou nos pecados de todos os homens. Fez com que ele e toda a sua descendência o servissem como escravos e que fossem condenados à morte.

A Lei da Redenção na Terra

O que as pessoas devem fazer para serem libertas do inimigo – o Diabo – e serem salvas de seus pecados? Alguns dizem: "Deus perdoa a todos incondicionalmente porque Ele é amor. Ele abunda em compaixão e misericórdia". No entanto, 1 Coríntios 14:40 diz: *"Mas tudo deve ser feito com decência e ordem"*. Deus faz tudo com decência e ordem, de acordo com a lei do mundo espiritual. Deus não faz nada contra a lei do mundo espiritual, porque é o Deus de justiça e integridade.

No reino espiritual, há uma lei com a punição dos pecadores, dizendo: "O salário do pecado é a morte". Mas também, há uma lei de redenção aos pecadores. Essa lei espiritual deve ser aplicada para recuperar a autoridade de Adão dada ao Diabo.

Então, qual é a Lei da Redenção dos pecadores? É a lei da redenção na terra, realizada no Antigo Testamento. Antes do

Início dos Tempos, Deus, o Pai, preparou em segredo o caminho humano para a salvação de acordo com essa Lei.

O Que é a Redenção da Lei na Terra?

Este é um comando de Deus aos Israelitas, como escrito em Levítico 25:23-25 :

> *"A terra não poderá ser vendida definitivamente, porque ela é minha e vocês são apenas estrangeiros e imigrantes. Em toda terra em que tiverem propriedade, concedam o direito de resgate da terra. Se alguém do seu povo empobrecer e vender parte da sua propriedade, seu parente mais próximo virá e resgatará aquilo que o seu compatriota vendeu".*

Cada pedaço da terra pertence a Deus e não deve ser vendida permanentemente. Se alguém vender sua terra devido à pobreza, Deus permite que ele venda e que seu parente mais próximo a resgate de volta a terra. Esta é a Lei da Redenção na Terra.

O povo de Israel elaborou um contrato certificado de acordo com a lei da redenção da terra, para que não fosse vendida permanentemente, quando venderam e compraram a terra.

O vendedor e o comprador escreviam detalhadamente o conteúdo da terra em questão no certificado, para que o parente mais próximo resgatasse tempo depois. Eles faziam uma cópia do certificado e selavam ambas com selos em frente a duas ou três testemunhas. Um contrato selado é guardado em um depósito no santo templo. O outro contrato é guardado no salão de entrada e aberto. A Lei da Redenção da terra permite ao vendedor ou seu parente mais próximo resgatar a terra a qualquer momento.

A Lei da Redenção na Terra e a Salvação Humana

Por que Deus preparou o caminho da salvação humana de acordo com a Lei da Redenção na terra? Gênesis 3:19 e 23 nos diz claramente que a Lei da Redenção na terra tem uma conexão direta com a salvação da humanidade:

"Com o suor do seu rosto você comerá o seu pão, até que volte à terra, visto que dela foi tirado, porque você é pó, e ao pó voltará" (Gênesis 3:19).

"Por isso o Senhor Deus o mandou embora do Jardim do Éden para cultivar o solo do qual fora tirado" (Gênesis 3:23).

Deus disse a Adão após sua desobediência: "porque você é pó, e ao pó voltará". Aqui "pó" simboliza o homem que foi formado do pó. Depois, o homem retornará ao pó com sua morte.

A Lei da Redenção na terra nos diz que todas as terras são de Deus e não devem ser vendidas permanentemente (Levítico 25:23-25). Esses versículos significam que todos os homens feitos do pó da terra pertencem a Deus e não podem ser vendidos permanentemente. Também significa que nenhum poder e autoridade recebidos de Deus, por Adão, no Jardim do Éden poderiam ser vendidos permanentemente, pois pertenciam a Deus.

A autoridade de Adão foi dada ao Diabo, mas a redenção de Adão fará com que seja restaurada do inimigo sua autoridade. Da mesma forma, o Deus de Justiça destinou um redentor perfeito de acordo com a Lei da Redenção na terra. Este redentor é o salvador de todos os homens.

O Segredo Escondido Antes do Início dos Tempos

Antes do Início dos Tempos, o Deus de amor sabia que Adão Lhe desobedeceria e que todos os seus descendentes iriam para o caminho da morte. Ele preparou um caminho para a salvação humana, em segredo, e o ocultou até que o tempo de seu escolhido chegasse.

Se o Diabo soubesse dos planos de Deus, ele teria dificultado a Deus resolver o pecado e a morte de todos os homens e não perderia sua autoridade. 1 Coríntios 2:7 observa que *"Ao contrário, falamos da sabedoria de Deus, do mistério que estava oculto, o qual Deus preordenou, antes do princípio das eras, para a nossa glória"*.

Jesus Cristo, Sabedoria de Deus

Romanos 5:18-19 diz: *"Conseqüentemente, assim como*

uma só transgressão resultou na condenação de todos os homens, assim também um só ato de justiça resultou na justificação que traz vida a todos os homens. Logo, assim como por meio da desobediência de um só homem muitos foram feitos pecadores, por meio da obediência de um único homem muitos serão feitos justos".

Todos os homens se tornaram justificados e salvos através da obediência de um homem, assim como se tornaram pecadores e caíram no caminho da morte por causa da desobediência de um.

Dessa forma, Deus enviou Jesus Cristo, o qual havia preparado como o caminho da salvação em segredo e permitiu que Jesus fosse crucificado e ressuscitasse. Daquele momento em diante, aquele que cresse Nele era salvo. Em 1 Coríntios 1:18, Deus nos diz: *"Pois a mensagem da Cruz é loucura para os que estão perecendo, mas para nós, que estamos sendo salvos, é o poder de Deus".*

Pode parecer tolo a algumas pessoas que o Filho de Deus, o Todo Poderoso, tenha sido insultado e morto por suas criaturas. No entanto, esse "tolo" plano de Deus é o mais sábio do que todos os planos do mais sábio dos homens e, de longe, a "fraqueza" de Deus é muito mais forte do que a força de todos os homens (1 Coríntios 1:19-24). A Bíblia diz explicitamente que ninguém jamais poderá ser correto diante de Deus sendo obediente à Lei. Deus mostra o caminho da salvação àqueles que acreditam em Jesus Cristo e O recebem como único salvador.

O salário do pecado é a morte. Ninguém seria salvo se Jesus não tivesse morrido pelos nossos pecados. Jesus foi crucificado por causa de nossos pecados e ressuscitou pelo poder de Deus.

Da mesma forma, Deus preparou um caminho que pode parecer fraco ou tolo e que estava oculto por muito tempo.

Deus ocultou Jesus Cristo e a crucificação porque o inimigo – o Diabo – se soubesse, tentaria atrapalhar o caminho da salvação. Satanás nunca teria matado Jesus na cruz, se soubesse que esse fato levaria à salvação dos homens da morte, do pecado e recuperaria a autoridade de Adão, antes cedida ao Diabo.

Novamente, lembraremos 1 Coríntios 2:7-8: *"Ao contrário, falamos da sabedoria de Deus, do mistério que estava oculto, o qual Deus preordenou, antes do princípio das eras, para a nossa glória. Nenhum dos poderosos dessa era o entendeu, pois, se o tivessem entendido, não teriam crucificado o Senhor da Glória"*.

Jesus é Qualificado de Acordo Com a Lei

Assim como todo contrato possui regras, o reino espiritual também possui, as quais nos dizem que o redentor é qualificado para resgatar a autoridade de Adão perdida para o Diabo, de acordo com a Lei de Redenção da Terra.

Por exemplo, suponhamos que um homem esteja enfrentando a falência de sua empresa. Ele possui débitos e não será capaz de pagá-los. Se tivesse um irmão que o amasse e fosse muito rico, seu irmão pagaria sua dívida de uma vez.

Todos os homens que são pecadores, desde que Adão caiu, precisam de um redentor que seja qualificado para purificá-los do pecado. Quais são, no entanto, as qualificações do redentor?

Por que a Bíblia nos diz que apenas Jesus é qualificado?

Primeiro, o Redentor Precisa Ser um Homem

Em Levítico 25:25 está escrito: *"Se alguém do seu povo empobrecer e vender parte da sua propriedade, seu parente mais próximo virá e resgatará aquilo que o seu compatriota vendeu"*. A Lei da Redenção na terra nos diz que se um homem se tornar pobre e vender sua propriedade, seu parente mais próximo poderá resgatar o que ele vendeu.

1 Coríntios 15:21-22, *"Porque, assim como a morte veio por um homem, tabém a ressureição dos mortos veio por um homem. Porque, assim como todos morreram em Adão, assim também todos serão vivificados em Cristo"* A primeira qualidade do redentor que pode restautar a autoridade de Adão é que ele seja homem. Este fato é descrito novamente em detalhes em Apocalipse 5:1-5

"Então eu vi na mão direita daquele que está sentado no trono um livro em forma de um rolo, escrito de ambos os lados e selado com sete selos. Vi um anjo poderoso, proclamando em voz alta: 'Quem é digno de romper os selos e abrir o livro?' Mas não havia ninguém, nem no céu nem na terra nem debaixo da terra, que pudesse abrir o livro, ou sequer olhar para ele. Eu chorava muito, porque não se encontrou ninguém que fosse digno de abrir o livro e olhar para ele. Então um dos anciãos me disse: 'Não chore! Eis

que o Leão da Tribo de Judá, a Raiz de Davi, venceu para abrir o livro e os seus sete selos.'"

"Um livro em forma de um rolo, escrito de ambos os lados e selado com sete selos" indica o contrato que foi feito entre Deus e o Diabo, quando Adão desobedeceu a Deus e se tornou um pecador. O apóstolo João não pôde encontrar ninguém que fosse digno de romper os selos e abrir os selos na terra, ou nos céus, ou debaixo da terra.

Isso é porque os anjos no Céu não são homens, todos os homens da terra são pecadores, como descendentes de Adão e, debaixo da terra, somente há espíritos malignos que pertencem ao Diabo e as almas perdidas que cairão no inferno.

Naquele momento, um dos anciãos disse a João: *"Não chore! Eis que o Leão da Tribo de Judá, a Raiz de Davi, venceu para abrir o livro e os seus sete selos"*. Aqui, "a Raiz de Davi" se refere a Jesus, que nasceu de um descendente do Rei Davi da Tribo de Judá (Atos 13:22-23). Dessa forma, Jesus é qualificado na primeira condição da Redenção da terra.

Alguns podem dizer que "Deus é o Absoluto. Jesus é certamente Deus, pois é o Filho de Deus. Ele nunca será um Homem". Lembre-se, no entanto, da passagem em João 1:1: *"No princípio era aquele que é a Palavra"* e em João 1:14 lemos: *"Aquele que é a palavra tornou-se carne e viveu entre nós. Vimos sua glória, glória como do unigênito vindo do Pai, cheio de graça e verdade"*.

Jesus, que originalmente era a Palavra (Deus), se tornou carne, como homem. Ele era a Palavra em sua existência e o Filho de Deus. Ele tinha humanidade e divindade. No entanto, nasceu e cresceu na forma humana, em carne. A história humana é dividida em duas partes, conforme a época do nascimento de Jesus Cristo: a.C. *Antes de Cristo* e d.C. *Depois de Cristo* ou *Anno Domini*. Este fato testifica por si só que Jesus veio em carne e habitou entre nós. O nascimento de Jesus, a formação e a crucificação fazem parte destes fatos.

Jesus, portanto, é um homem e qualificado como nosso Redentor.

Segundo, Não Poderia Ser Descendente de Adão

Um devedor não pode pagar a dívida de outro devedor. Aquele que não é devedor teria a capacidade de pagar pela dívida. Da mesma forma, o redentor dos homens deveria ser imaculado e sem pecado para redimir os pecados do homem. Todas as pessoas são descendentes de Adão e, por conseqüência disso, são pecadores, pois Adão – o primeiro homem – pecou. Nenhum de seus descendentes é qualificado para ser o redentor de todos os homens. Até mesmo o melhor homem da história não poderia se responsabilizar pelo pecado dos outros.

Jesus tem esta qualificação?

Mateus 1:18-21 descreve o nascimento de Jesus. Ele foi concebido pelo Espírito Santo, não pela união de um homem e uma mulher. Os versículos dizem:

"Foi o nascimento de Jesus Cristo: Maria, sua mãe, estava prometida a José, mas, antes que se unissem,

achou-se grávida pelo Espírito Santo. Por ser José, seu marido, um homem justo, e não querendo expô-la à desonra pública, pretendia anular o casamento secretamente. Mas, depois de ter pensado nisso, apareceu-lhe um anjo do Senhor em sonho e disse: 'José, filho de Davi, não tema receber Maria como sua esposa, pois o que nela foi gerado procede do Espírito Santo. Ela dará à luz um filho, e você deverá dar-lhe o nome de Jesus, porque ele salvará o seu povo dos seus pecados'".

Conforme sua genealogia, Jesus era descendente de Davi (Mateus 1; Lucas 3:23-37). No entanto, Ele foi concebido pelo Espírito Santo antes que Maria se unisse a José. Portanto, Ele não tinha natureza pecaminosa.

Todos nascem com o pecado original porque herdaram de seus pais. Em outras palavras, depois que Adão pecou, ele passou sua natureza pecaminosa a todos os seus descendentes. A natureza pecaminosa herdada pelos homens até este dia é chamada de "pecado original". Por essa razão, todos os descendentes de Adão são pecadores e não podem redimir outros homens.

Ainda, Deus, o Pai, planejou que seu Filho Jesus Cristo fosse concebido pelo Espírito Santo no útero da Virgem Maria. Dessa forma, Jesus se tornou carne e veio a este mundo, mas não como descendente de Adão.

Terceiro, Ele Teria que Ter o Poder Para Vencer o Diabo

Novamente em Levítico 25:26-27 lemos:

"Se, contudo, um homem não tiver quem lhe resgate a terra, mas ele mesmo prosperar e adquirir recursos para resgatá-la, calculará os anos desde que a vendeu e devolverá a diferença àquele a quem a vendeu; então poderá voltar para sua propriedade".

Um redentor deveria ter o poder de comprar de volta a terra vendida. Um homem pobre não poderia pagar o débito de um amigo, mesmo se desejasse muito. Da mesma forma, o redentor não deverá ter nenhum pecado para ser capaz de salvar o homem de seus pecados. Não ter pecado é uma das forças no reino espiritual.

O Redentor deverá ter o poder para vencer o inimigo e resgatar a autoridade de Adão. O Redentor não poderia ter o pecado original nem o seu próprio pecado. Somente um redentor sem pecado poderia vencer o Diabo e salvar todos os homens.

Era Jesus sem pecado?

Jesus não tinha o pecado original porque foi concebido pelo Espírito Santo. Ele obedeceu à Lei de Deus completamente porque cresceu sob o controle de seus pais que temiam a Deus. Ele cumpriu a Lei com amor. Ele foi circuncidado no oitavo dia após seu nascimento (Lucas 2:21). Ele nunca cometeu nenhum pecado e somente obedeceu à vontade de Deus, o Pai, até ser crucificado na idade de 33 anos (1 Pedro 2:22-24; Hebreus 7:26).

Jesus pôde redimir nossos pecados porque não tinha pecado nenhum. Sua natureza "sem pecado" foi testificada através de várias demonstrações de poder. Ele expulsou demônios, fez os cegos enxergarem, os surdos escutarem, o coxo andar e curou incontáveis doenças. Acalmou uma tempestade e fez o vento parar "Aquiete-se" (Marcos 4:39).

Finalmente, Ele Deveria Fazer um Sacrifício por Amor

Até mesmo um homem rico não poderia redimir a terra se ele não tivesse amor pelo homem que a vendeu. Da mesma forma, o redentor deveria amar os pecadores ao ponto de sacrificar-se por eles.

Em Rute 4:1-6, Boaz foi advertido da pobreza de Naomi e disse ao seu parente mais próximo – um resgatador para comprar suas terras de volta, se as quisesse. O homem recusou, dizendo a Boaz: *"Nesse caso não poderei resgatá-la, pois poria em risco a minha propriedade. Resgate-a você mesmo. Eu não poderei fazê-lo"* (v. 6). Ele não resgatou a terra para Naomi e Rute, mesmo sendo rico. Isso porque ele não tinha o sacrifício de amor. Depois de tudo, Boaz, o parente mais próximo, resgatou a terra, porque tinha sacrifício de amor.

Boaz se tornou um resgatador legal e casou-se com Rute, porque teve amor suficiente para resgatar a terra de Naomi. O filho que Boaz e Rute deram à luz foi o grande pai do Rei Davi, relembrado na linha da família de Jesus.

Jesus foi crucificado por amor. Jesus era a Palavra, mas veio em carne nesta terra. Não era descendente de Adão, porque foi concebido pelo Espírito Santo. Ele nasceu sem o pecado original. Ele tinha o poder para redimir os pecados de todos, pois era puro.

Além disso, Ele não poderia ter se tornado o Redentor sem um sacrifício espiritual e um sacrifício de amor, mesmo se tivesse as outras três qualidades.

Ele teve que ser tratado como um dos mais perigosos criminosos e ser pregado em uma cruz. Ele teve que ser insultado e zombado. Derramou o seu sangue e água para salvar os homens. Ele pagou um alto preço e fez um enorme sacrifício.

Você não encontraria ninguém na história da humanidade que, por causa dos pecados do outros, mesmo sendo inocente, daria sua vida. Deus é o único Filho de Deus, o Todo-Poderoso, O Rei dos Reis, Senhor dos Senhores e o Senhor de toda a criação. Mesmo com todas essas características, ele foi pregado em uma cruz e morreu derramando Seu sangue. É imensurável o amor que Ele tinha por nós, não é?

De fato, Jesus somente fez coisas boas durante Sua vida. Ele perdoou aos pecadores, curou enfermos, expulsou muitos demônios, trouxe as boas novas de paz, alegria e amor, e deu a todos esperança para salvação. Acima de tudo, entregou sua vida por nós.

Romanos 5:7-8 nos diz: *"Dificilmente haverá alguém que morra por um justo, embora pelo homem bom talvez alguém tenha coragem de morrer. Mas Deus demonstra seu amor por nós: Cristo morreu em nosso favor, quando ainda éramos pecadores".* Deus, o Pai, enviou o seu único Filho Jesus para nos salvar, mesmo sabendo que não éramos justos ou bons. Ele permitiu que Jesus fosse pregado na cruz e que morresse ali. Ele demonstrou seu grande amor por nós.

Além disso, eu oro no nome de Jesus Cristo, para que você entenda que não poderá ser salvo no nome de ninguém, a não ser no de Jesus Cristo; ter o direito de ser filho de Deus, aceitando a Jesus Cristo, que ressuscitou e nos garantiu a salvação!

Capítulo 5

POR QUE JESUS É O ÚNICO SALVADOR?

- A Providência da Salvação Através
  de Jesus Cristo
- Por que Jesus Foi Pendurado
  em Uma Cruz de Madeira?
- Nenhum Nome no Mundo a Não Ser
  "Jesus Cristo"

"Este Jesus é 'a pedra que vocês, construtores, rejeitaram e que se tornou a pedra angular'. Não há salvação em nenhum outro, pois debaixo do céu não há nenhum outro nome dado aos homens pelo qual devamos ser salvos".

Atos 4 :11-12

Você amará a Deus com todo o seu coração, quando compreender sua profunda e dedicada providência na criação do mundo. Além do mais, você deve admirar Seu amor e sabedoria, quando entender a salvação através de Jesus Cristo.

Então, como foi a providência de Deus para a salvação que esteve oculta antes do início dos tempos, cumprida através de Jesus Cristo? Eu lhe disse antes que o Deus de Justiça preparou aquele que era qualificado para nos redimir dos pecados, conforme a lei espiritual. Não há ninguém abaixo dos céus que possua esta qualificação a não ser Jesus.

Jesus era o único homem não descendente de Adão, porque tinha sido concebido pelo Espírito Santo e veio à terra em carne. E mais, Ele tinha o poder e o amor para nos redimir. Ele abriu o caminho da salvação para a humanidade através de seu sacrifício na cruz.

Além disso, está escrito em Atos 4:12 que *"Não há salvação em nenhum outro, pois, debaixo do céu não há nenhum outro nome dado aos homens pelo qual devamos ser salvos"*. Aquele que crer em Jesus Cristo é perdoado de todos os seus pecados e salvo.

Agora, explicarei como você deve crer em Jesus Cristo, crucificado em nosso lugar, para que fôssemos salvos e recebêssemos autoridade e bênçãos como filhos de Deus.

A Providência da Salvação Através de Jesus Cristo

Deus preparou o caminho da salvação antes do início dos tempos. O livro de Gênesis profetizou sobre Jesus e o segredo escondido através da cruz.

Gênesis 3:14-15 lemos:

> *E o Senhor Deus declarou à serpente: "Uma vez que você fez isso, maldita é você dentre todos os rebanhos domésticos e entre todos os animais selvagens! Sobre o seu ventre você rastejará, e pó comerá todos os dias de sua vida. Porei inimizade entre você e a mulher, entre a sua descendência e o descendente dela; este lhe ferirá a cabeça e você lhe ferirá o calcanhar".*

Assim como discutido anteriormente, a "serpente" se referia ao inimigo e o "comer pó" simboliza o inimigo reinando sobre o homem que foi feito do pó da terra. Também, "mulher" indica "Israel" e "descendente dela" se refere a Jesus. A frase *"você (a serpente) lhe ferirá o calcanhar"* simboliza que Jesus seria crucificado, e *"este lhe ferirá (a serpente) a cabeça"* implica que Jesus romperia com o poder do inimigo e ressuscitaria dos mortos.

Satanás Não Podia Imaginar os Planos de Deus

Deus ocultou sua providência para a salvação, para que o

inimigo não pudesse saber e compreendesse Sua sabedoria.

Satanás tentou matar a descendência da mulher antes de ser vencido. Ele acreditou que teria para sempre a autoridade dada por Adão, que desobedeceu a Deus. No entanto, o inimigo não sabia quem era o descendente da mulher. Ele tentou matar os profetas que eram amados por Deus no Antigo Testamento.

Quando Moisés nasceu, o inimigo tinha Faraó, o Rei do Egito, que pediu que matassem todo bebê hebreu (Êxodo 1:15-22). Quando Jesus foi concebido pelo Espírito Santo e veio em carne à terra, o inimigo tinha o Rei Herodes, que fez o mesmo.

No entanto, Deus já sabia dos planos do inimigo. O anjo do Senhor apareceu a José em sonho e lhe disse que fugisse para o Egito com o bebê e sua esposa. Deus permitiu que vivessem lá até que o Rei Herodes morresse.

A Crucificação de Jesus Foi Permitida por Deus

Jesus cresceu sob a proteção de Deus e começou seu ministério aos 30 anos. Ele foi até a Galiléia, ensinou nas sinagogas, ressuscitou os mortos e pregou o evangelho aos pobres (Mateus 4:23, 11:5).

Nesse tempo, Satanás fez com que os altos sacerdotes, doutores da Lei e fariseus matassem Jesus. Como se sabe, ao longo da Bíblia, nenhum homem mal pôde tocar em Jesus, pois todos os eventos durante sua vida ocorreram sob a providência de Deus.

Deus permitiu que Satanás crucificasse Jesus somente após três anos de ministério. Como resultado, Jesus foi coroado com uma coroa de espinhos e morreu na cruz sofrendo de muitas dores por ter sido pregado pelas mãos e pés.

A crucificação é um meio muito cruel de execução. O inimigo ficou feliz depois de ter matado Jesus dessa forma cruel. Satanás celebrou vitória porque achava que continuaria reinando no mundo, já que não teria ninguém que o impedisse. Ainda havia uma providência de Deus oculta.

O Diabo Quebrou a Lei Espiritual

Deus não usa o Seu poder soberano contra a lei, porque é justo. Ele preparou um caminho para a salvação através da lei espiritual, antes do início dos tempos, pois faz tudo através da lei espiritual.

Desde quando o salário do pecado é a morte, conforme a lei espiritual (Romanos 6:23), ninguém enfrenta a morte se não tem pecado. No entanto, o inimigo crucificou Jesus, que não tinha pecado (1 Pedro 2:22-23). Fazendo isso, o Diabo rompeu a lei espiritual planejada por Deus e foi traído pelo seu próprio truque. Ele se tornou um instrumento para a salvação da humanidade que tinha sido planejada por Deus. A descendência da mulher feriu sua cabeça, assim como profetizado em Gênesis.

Genericamente, uma serpente pode resistir mesmo se você pisar em sua cauda ou cortá-la fora, mas não resistirá, se cortar sua cabeça. No versículo: "Porei inimizade entre você e a mulher, entre a sua descendência e o descendente dela; este lhe ferirá a cabeça e você lhe ferirá o calcanhar" significa espiritualmente que o inimigo Satanás perderá seu poder e autoridade para Jesus Cristo. A serpente ferindo o calcanhar da descendência da mulher espiritualmente significa que Satanás crucificaria Jesus. Dessa forma foi cumprido o que estava escrito em Gênesis 3:15.

Salvação Através da Crucificação de Jesus

O caminho para a salvação esteve oculto por Deus antes do início dos tempos e foi cumprido quando Jesus ressuscitou no terceiro dia da crucificação.

Aproximadamente há 6.000 anos atrás, Adão deu sua autoridade, recebida de Deus, ao inimigo por ter quebrado uma lei do reino espiritual por desobediência (Lucas 4:6). No entanto, depois de 4.000 anos, Satanás foi ao caminho da destruição, rompendo uma lei espiritual.

Além disso, o Diabo teve que libertar aqueles que aceitaram a Jesus como seu único Senhor e Salvador e que acreditaram em Seu nome, que se tornaram Filhos de Deus. O inimigo teria crucificado Jesus Cristo, se soubesse desta sabedoria de Deus? Não! Em 1 Coríntios 2:8, fomos lembrados de que: *"Nenhum dos poderosos desta era o entendeu, pois, se o tivessem entendido, não teriam crucificado o Senhor da glória"*.

Aqueles que não acreditam neste fato hoje em dia devem se perguntar: "Por que Deus, o Todo-Poderoso, não protegeu seu Filho da morte? Por que Ele deixou com que seu Filho morresse na cruz?" Se você entender a providência da cruz, você saberá por que Jesus tinha que ser crucificado e como ele se tornou Rei dos Reis e Senhor dos Senhores, depois de sua vitória triunfante sobre o inimigo. Portanto, aquele que crer em Jesus como seu único Senhor e Salvador e que Ele morreu na cruz por nós, para redimir nossos pecados, estará salvo.

Por que Jesus Foi Pendurado em Uma Cruz de Madeira?

Por que Jesus foi pendurado em uma cruz de madeira? Dentre vários métodos de execução, Jesus morreu em uma cruz de madeira. De acordo com a passagem em Gálatas 3:13-14, havia razões espirituais que fizeram com que Jesus morresse em uma cruz de madeira.

Primeiro, Para Nos Redimir da Maldição da Lei

Em Gálatas 3:13 lemos: *"Cristo nos redimiu da maldição da Lei, quando se tornou maldição em nosso lugar, pois está escrito: 'Maldito todo aquele que for pendurado num madeiro'"*. Isso explica que Jesus nos redimiu da maldição da Lei sendo pendurado na cruz de madeira.

Todos os homens foram amaldiçoados e condenados ao caminho da morte, devido à desobediência de Adão, conforme escrito em Romanos 6:23: "o salário do pecado é a morte". No entanto, Deus deu o seu Filho à humanidade, para que fosse salva, permitindo assim que Seu Filho fosse preso em uma cruz de madeira (Deuteronômio 21:23).

Além disso, Jesus derramou o seu sangue na cruz. Veja os

versículos 11 e 14 de Levítico 17:

"Pois a vida da carne está no sangue, e eu o dei a vocês para fazerem propiciação por si mesmos no altar; é o sangue que faz propiciação pela vida" (v. 11).

"porque a vida de toda carne é o seu sangue".... (v.14).

O livro de Levítico fala que a vida é sangue, porque toda criatura precisa do sangue para viver – morreria sem ele.

No entanto, quando uma pessoa morre, sua carne volta ao pó, sua alma irá para o céu ou inferno. Para receber a vida eterna, você deve ser perdoado pelos seus pecados. Para ser perdoado de seus pecados, deverá haver derramamento de sangue, conforme escrito em Hebreus 9:22: *"De fato, segundo a Lei, quase todas as coisas são purificadas com sangue e sem derramamento de sangue não há perdão"*. Por essa razão, as pessoas, durante os tempos do Antigo Testamento, ofereciam sangue de animais quando pecavam. Jesus, ao derramar Seu precioso sangue, quis redimir os pecados da humanidade, para ter a vida eterna, isso porque Ele não teve o pecado original, nem cometeu nenhum pecado.

Da mesma forma, você poderá receber a vida eterna devido ao sangue precioso de Jesus. Isso mesmo, Jesus morreu em nosso lugar e abriu o caminho para que você se torne filho de Deus.

Segundo, para dar a bênção de Abraão

A primeira parte do versículo de Gálatas 3:14, nos diz: *"Isso para que em Cristo Jesus a bênção de Abraão chegasse também aos gentios"*. Isso significa que Deus não dá a mesma bênção dada a Abraão somente aos Israelitas, mas também aos gentios que foram declarados justos por terem aceitado a Cristo como Salvador.

Abraão era conhecido como o "pai da fé" e "amigo de Deus", e ele viveu sob as bênçãos de filhos, saúde, longa vida, riqueza e muito mais. A razão pela qual Abraão era abençoado de forma abundante está prevista em Gênesis 22:15-18:

> *"Pela segunda vez o Anjo do Senhor chamou do céu a Abraão e disse: 'Juro por mim mesmo,' declara o Senhor, 'que por ter feito o que fez, não me negando seu filho, único filho, esteja certo de que eu o abençoarei e farei seus descendentes tão numerosos como as estrelas no céu e como as areias das praias do mar. Sua descendência conquistará as cidades dos que lhe forem inimigos e, por meio dela, todos os povos da terra serão abençoados, porque você me obedeceu'".*

Abraão obedeceu quando Deus lhe disse: *"Sai da tua terra, do meio de seus parentes e da casa de seu pai, e vá para a terra que eu lhe mostrarei"* (Gênesis 12:1). Ele também obedeceu sem contestar ou reclamar quando Deus disse: *"Tome seu filho, seu único filho, Isaac, a quem você ama, e vá para a região de Moriá. Sacrifique-o ali como holocausto num dos montes que lhe indicarei"* (Gênesis 22:2). Isso era possível a Abraão porque acreditava que Deus poderia ressuscitar os mortos (Hebreus 11:19). Ele foi capaz de ser uma bênção e o pai da fé, porque tinha uma fé inabalável.

Além disso, os filhos de Deus que aceitaram a Jesus Cristo como Senhor e Salvador possuem a fé de Abraão. Você será capaz de dar glória a Deus recebendo todas as bênçãos desta terra.

Terceiro, Dar a Promessa do Espírito

Na segunda parte do versículo descrito em Gálatas 3:14 lemos: *"para que recebêssemos a promessa do Espírito mediante a fé"*. Isso significa que aquele que crer que Jesus Cristo morreu em uma cruz de madeira para redimir os pecados de toda a humanidade, é liberto da maldição da lei e recebe a promessa do Espírito Santo. E mais, aquele que aceitar a Jesus Cristo como o seu Senhor e Salvador, recebe a autoridade do Filho de Deus e o Espírito Santo como consolador (João 1:12; Romanos 8:16).

Quando você recebe o Espírito Santo, você pode dizer a Deus: "Abba, Pai" (Romanos 8:15), seu nome é escrito no livro da vida no céu (Lucas 10:20), e a cidadania dos céus (Filipenses 3:20). Isso é por causa do Espírito Santo, que é o coração e a força de Deus. Ele o guia para a vida eterna, auxiliando-o a entender a palavra de Deus e a viver conforme a Sua palavra com fé.

No entanto, você será salvo não somente quando conhecer

Jesus Cristo como seu Senhor, mas também quando crer em seu coração que Ele rompeu com a autoridade da morte e ressuscitou. Em Romanos 10:9 lemos que: *"Se você confessar com a sua boca que Jesus é Senhor e crer em seu coração que Deus ressuscitou dentre os mortos, será salvo"*.

Antes do início dos tempos, Deus destinou um grande plano para que, aqueles que crêssem em Jesus como o Salvador, fossem unidos a Ele e guiados ao caminho da salvação. O plano é ao mesmo tempo misterioso e maravilhoso. Os seres humanos precisaram seguir pelo caminho da morte por causa do primeiro homem e, de acordo com a Lei do mundo espiritual, "O salário do pecado é a morte". No entanto, eles puderam ser libertos da maldição da lei e salvos pela fé, pela mesma lei.

Os seres humanos tiveram que sofrer com a dor, problemas e morte que o inimigo lhes trouxe quando eram escravos do pecado. No entanto, aquele que aceitar Jesus Cristo como seu Senhor e Salvador e receber o Espírito Santo ganhará a salvação, vida eterna, ressurreição e desfrutará de muitas bênçãos.

Os Privilégios e as Bênçãos Dadas aos Filhos de Deus

Aquele que abrir seu coração e aceitar a Jesus Cristo é perdoado, recebe o direito de se tornar filho de Deus e aproveitar a paz e a alegria em seu coração. Isso é possível, porque Jesus levou todos os nossos pecados ao ser crucificado. Está escrito no livro de Salmos 103:12 que: *"e como o Oriente está longe do Ocidente, assim ele afasta para longe de nós as nossas transgressões"* e Hebreus 10:16-18: *"Esta é a aliança que farei com eles, depois daqueles dias, diz o Senhor. Porei as minhas leis em sua mente; e acrescenta: 'Dos seus pecados e iniqüidades não me lembrarei mais'. Onde esses pecados foram perdoados, não há mais necessidade de sacrifício por eles"*.

Não há nada neste mundo que possa ser comparado ao direito dado aos filhos de Deus pela fé. Neste mundo, o direito de um filho de um Rei ou de um Presidente é muito grande. Qual é o direito dos filhos de Deus, o Criador, que governa o mundo, o universo e a história humana?

Deus não considera fé verdadeira, quando você apenas clama "Jesus é o Salvador". Você deve entender quem é Jesus Cristo, o porquê de Ele ser o único Salvador e ter a verdadeira fé baseada neste conhecimento. Depois, com essa fé verdadeira, você poderá entender a providência de Deus oculta na cruz e confessar "O Senhor é Jesus Cristo, filho do Deus vivo". Você deve viver de acordo com a vontade de Deus. Sem a fé verdadeira, é muito difícil ter essa vontade vinda do coração e viver em conformidade com a vontade de Deus. Jesus nos diz em Mateus 7:21: *"Nem todo aquele que me diz: 'Senhor, Senhor', entrará no Reino dos Céus, mas apenas aquele que faz a vontade de meu Pai que está nos céus"*. Jesus declarou explicitamente que as pessoas que somente clamam "Senhor, Senhor" e vivem na vontade e palavra de Deus, seriam salvos.

Nenhum Nome no Mundo a Não Ser "Jesus Cristo"

Atos 4 nos mostra uma cena na qual Pedro e João testificaram audaciosamente o nome de Jesus Cristo perante Sinédrio. Eles acreditavam sinceramente que não havia outro nome a não ser o de Jesus Cristo para o homem obter a salvação. Pedro, cheio do Espírito Santo, proclamou que: *"Não há salvação em nenhum outro, pois, debaixo do céu não há nenhum outro nome dado aos homens pelo qual devamos ser salvos"* (Atos 4:12).

Que implicações espirituais há no nome de Jesus Cristo? E por que Deus não deu a Ele outro nome a não ser Jesus Cristo?

A Diferença Entre "Jesus" e "Jesus Cristo"

Atos 16:31 nos diz que: *"Creia no Senhor Jesus e serão salvos, você e os de sua casa"*. Há uma razão muito importante na qual está escrito "Senhor Jesus" e não simplesmente "Jesus".

Aqui, "Jesus" se refere ao homem que irá salvar Seu povo de seus pecados. "Cristo" é uma palavra Grega que significa "Messias" em hebraico. É "aquele que é ungido" (Atos 4:27) e se refere ao Salvador, que é o mediador entre Deus e os homens. Jesus é o nome daquele que era o futuro Salvador, e Cristo aquele já tinha cumprido.

Durante os tempos do Antigo Testamento, Deus ungia a pessoa que seria o Rei, Sacerdote ou profeta, ungindo sua cabeça (Levítico 4:3; 1 Samuel 10:1; 1 Reis 19:16). Além disso, ungir alguém significa dar o Espírito Santo à pessoa eleita por Deus.

Jesus foi ungido como Rei, Sumo Sacerdote e o Profeta, e veio a este mundo em carne para salvar todos os seres humanos, de acordo com a providência de Deus que estava oculta desde o início dos tempos. Ele foi crucificado para nos redimir e se tornou nosso Senhor, ressuscitando no terceiro dia. Ele é o Salvador que completou a providência de Deus para a salvação. Isso mesmo, Ele é o Cristo.

Antes da crucificação de Jesus Cristo, nós nos referíamos a Jesus. No entanto, depois da crucificação, ele passou a ser chamado de "Jesus Cristo", "Senhor Jesus" ou "Senhor".

Você deve saber que há uma enorme diferença entre o poder de "Jesus" e o de "Jesus Cristo". Jesus é o nome no qual Ele foi chamado antes de cumprir a providência da salvação e o inimigo não tinha tanto medo desse nome. O nome "Jesus Cristo", no entanto, implica: o sangue que nos redimiu de nossos pecados, ressurreição e a autoridade sobre a morte. Com esse nome, o diabo treme de medo.

Muitas pessoas ignoram este fato porque não entendem a diferença. No entanto, é uma verdade que o trabalho e a resposta de Deus será diferente de acordo com o nome que você clama (Atos 3:6).

Quando você ora no nome do Senhor Jesus Cristo e guarda em sua mente, você levará uma vida vitoriosa cheia das bênçãos e respostas do seu Deus Todo Poderoso.

Jesus é Obediência Completa

Jesus era Deus em sua natureza. Ele não se aproveitou e

requereu igualdade ou quis se aproveitar. Ele não fez nada de Si mesmo; Ele tomou a posição humilde de um escravo e apareceu na forma de um ser humano.

Um bom servo não possui vontade própria. Ele trabalha de acordo com a vontade de seu mestre, ao invés da sua. É dever do servo obedecer à vontade de seu mestre, mesmo se não estiver de acordo com ela. Jesus obedeceu à vontade de Deus com o coração de um bom servo. Dessa forma pôde cumprir Sua missão para salvar a humanidade.

Deus exaltou Jesus, que obedeceu à Sua vontade dizendo "Sim" e "Amém" à mais alta posição e fez com que muitas pessoas confessassem que Ele é o Senhor.

"Por isso Deus o exaltou à mais alta posição e lhe deu o nome que está acima de todo nome, para que ao nome de Jesus se dobre todo joelho, nos céus, na terra e debaixo da terra, e toda língua confesse que Jesus Cristo é o Senhor, para a Glória de Deus Pai" *(Filipenses 2:9-11).*

O Nome "Senhor Jesus" Testifica o Amor de Deus

Está escrito em João 1:3 que: *"Todas as coisas foram feitas por intermédio dele; sem ele, nada do que existe teria sido feito".* Tendo em vista que todas as coisas no mundo foram criadas através de Jesus, Ele tinha a autoridade para governar sobre todas as coisas como Criador. Quando Jesus, o Filho de Deus, o Criador, ordenou, coisas naturais como tempestade de vento ou ondas se acalmaram e uma figueira secou.

Jesus tinha autoridade para perdoar os pecados e salvar os pecadores da punição. Veja a passagem em que Jesus disse ao paralítico em Mateus 9:2: *"Alguns homens trouxeram-lhe um paralítico: Tenha bom ânimo, filho; os seus pecados estão perdoados"* e no versículo 6 *"Mas, para que vocês saibam que o Filho do homem tem na terra autoridade para perdoar pecados, – disse ao paralítico: 'Levante-se, pegue a sua maca e vá para casa'"*.

Além disso, Jesus tinha o poder para curar todos os tipos de doenças e enfermidades e reviver os mortos. João 11 descreve uma cena na qual Lázaro saiu da tumba com seus pés e mãos atados com faixas, quando Jesus chamou alto seu nome: "Lázaro, venha para fora". Ele estava morto há quatro dias e cheirava mal, mas ele saiu da tumba como se fosse um homem saudável.

Da mesma forma, Jesus lhe dá tudo o que pedir mediante a fé, porque possui o maravilhoso poder de Deus.

Jesus Cristo, o Amor de Deus

Está escrito em 1 João 4:10: *"Nisto consiste o amor: não em que nós tenhamos amado a Deus, mas em que Ele nos amou e enviou seu Filho como propiciação pelos nossos pecados"*. Deus mostrou seu incrível amor por nós. Ele enviou Seu único Filho como um sacrifício vivo para nos redimir dos nossos pecados. Deus enfrentou muita dor e abriu o caminho da salvação, quando Seu Filho Jesus Cristo foi pregado na cruz e derramou seu sangue. Como Deus se sentiu quando Jesus Cristo,

Seu único Filho, foi crucificado? Deus não conseguiu assistir sentado em seu trono. Mateus 27:51-54 nos mostra o quanto Deus sofreu quando Jesus foi crucificado:

"Naquele momento o véu do santuário se rasgou em duas partes, de alto a baixo. A terra tremeu e as rochas partiram. Os sepulcros se abriram e os corpos de muitos santos que tinham morrido foram ressuscitados. E, saindo dos sepulcros, depois da ressurreição de Jesus, entraram na cidade santa e apareceram a muitos. Quando o centurião e os que com ele vigiavam Jesus viram o terremoto e tudo o que havia acontecido, ficaram aterrorizados e exclamaram: 'Verdadeiramente este era o Filho de Deus'!"

Isso nos mostra claramente que Jesus não foi crucificado pelos Seus pecados, mas por causa do grande amor que Deus tinha pelo homem e pelo plano de salvação. No entanto, muitas pessoas não aceitam ou não entendem esse imenso amor de Deus.

Depois da desobediência de Adão, os homens não podiam estar com Deus e se tornaram pecadores. No entanto, Jesus veio à Terra e se tornou o mediador entre Deus e os homens. Jesus era Emanuel, que significa Deus conosco (Mateus 1:23). Através do sofrimento e dor de Jesus na cruz, nós recebemos a paz e o descanso.

Eu espero que você entenda o imenso amor de Deus para conosco. Ele nos deu o Seu único Filho como sacrifício vivo pelos nossos pecados, mesmo sabendo que Ele mal nenhum tinha praticado. Ele foi crucificado em nosso lugar e abriu o caminho para nossa salvação.

Capítulo 6

A Providência da Cruz

- Nascido em Um Celeiro
  e Posto em Uma Manjedoura
- A Vida de Jesus na Pobreza
- Açoitado e Derramando seu Sangue
- Vestindo Uma Coroa de Espinhos
- A Vestimenta de Jesus e Sua Túnica
- Pregado Pelas Mãos e Pés
- As Pernas de Jesus não Foram
  Quebradas, mas Seu Lado Foi
  Trespassado

"Certamente ele tomou sobre si as nossas enfermidades e sobre si levou nossas doenças; contudo nós o consideramos castigado por Deus, por Deus atingido e afligido. Mas ele foi trespassado por causa das nossas transgressões, foi esmagado por causa das nossas iniqüidades; o castigo que nos trouxe a paz estava sobre Ele, e pelas suas feridas fomos curados. Todos nós, tal qual ovelhas, nos desviamos, cada um de nós se voltou para o seu próprio caminho; e o Senhor fez cair sobre Ele a iniqüidade de todos nós".

Isaías 53 :4-6

No plano de Deus para obter verdadeiros filhos, a parte mais importante é de Jesus vir em carne neste mundo. Ele foi afligido com todo tipo de sofrimento e morreu na cruz. Através disso, Ele cumpriu o caminho para a salvação de todos.

A providência de Deus na cruz possui um profundo significado espiritual. Jesus, o único Filho de Deus, abriu mão da Glória dos Céus, nasceu em um celeiro de animais e viveu na pobreza durante sua infância.

Além disso, Ele foi pendurado e pregado pelas suas mãos e pés, coroado com uma coroa de espinhos e derramou sangue e água, tendo seu lado trespassado. Cada sofrimento que Jesus experimentou contém o esmagador amor de Deus.

Quando você entender completamente o significado espiritual da cruz e os sofrimentos de Jesus, seu coração certamente se moverá ao amor de Deus e você obterá a fé verdadeira. Você também receberá todas as respostas a todos os problemas de sua vida, como pobreza e doença, bem como a vida eterna no Reino dos Céus.

Nascido em Um Celeiro
e Posto em Uma Manjedoura

Jesus, natureza de Deus, era o Senhor de todas as coisas nos céus, na terra e o Ser mais glorioso. Ainda assim, Ele veio em carne a este mundo para redimir os homens do pecado e para mostrar o caminho da salvação.

Jesus é o único Filho de Deus Todo-Poderoso. Então, por que Ele não nasceu em palácio luxuoso ou em pelo menos num local confortável? Deus não poderia ter deixado Jesus nascer em um lugar bonito? Por que Jesus teve que nascer em um celeiro e deitar em uma manjedoura?

Há um significado espiritual para isso. Você sabe que Jesus nasceu de uma maneira espiritual maravilhosa. Mesmo sabendo que as pessoas não podem ver com os olhos físicos, Deus estava tão feliz com o nascimento de Jesus que o rodeou de glória na presença de uma legião de anjos. Você pode perceber a felicidade em Lucas 2:14: *"Glória a Deus nas Alturas, e paz na terra aos homens aos quais ele concede o seu favor"*. Deus também separou os bons pastores e os Magos do Leste, para que pudessem louvar ao menino Jesus.

Toda glória e louvor tomaram lugar, porque Jesus abriria a porta da salvação com a sua vinda ao mundo. Uma grande multidão entraria para a vida eterna como filhos de Deus, e Jesus, o Filho de Deus, seria o Rei dos Reis e o Senhor dos Senhores.

A Providência de Deus Oculta no Nascimento de Jesus

Quando Jesus nasceu, César Augusto emitiu um decreto que teria sua vigência em todo o Império Romano. Os Judeus estavam sujeitos à Lei de Roma e voltaram às suas cidades para se registrar, de acordo com o comando de César.

José também foi com sua esposa Maria da cidade de Nazaré, na Galiléia, para Belém, cidade de Davi, porque ele pertencia à linhagem de Davi. Maria foi prometida a José e concebeu um filho do Espírito Santo antes de irem a Belém, e deu à luz ao primogênito durante a sua estadia.

O nome "Belém" significa "Casa do Pão" e era a cidade natal do Rei Davi (1 Samuel 16:1). Em Miquéias 5:2 lemos: *"Mas tu, Belém-Efrata, embora pequena entre os clãs de Judá, de ti virá para mim aquele que será o governante sobre Israel. Suas origens estão no passado distante, em tempos antigos"*. Belém já tinha sido profetizada como a cidade natal do Messias.

Naquele momento não havia quarto para Maria e José na hospedaria, porque muitas pessoas estavam em Belém para registrar-se. Lá, Maria deu à luz ao bebê no estábulo. Ela o cobriu com panos e o colocou em uma manjedoura – um local que era usado para alimentar vacas e cavalos.

Por que então Jesus, que viria para nos salvar, nasceu de forma tão simples?

Para Redimir Animais como Homens

Lemos em Eclesiastes 3:18: *"Também pensei: Deus prova os homens para que vejam que são como os animais"*. Os homens, que perderam a imagem de Deus, são como animais na visão de Deus. O primeiro homem Adão foi originalmente um ser vivente criado à imagem de Deus. Ele também era um homem espiritual porque Deus lhe ensinou a palavra da verdade.

No entanto, Adão comeu do fruto da árvore do conhecimento do bem e do mal contra a ordem de Deus, então seu espírito morreu e ele não pôde se comunicar mais com Deus. Além disso, não era mais o senhor de todas as coisas. Satanás instigou Adão a seguir a natureza pecaminosa, e o seu puro e verdadeiro coração mudou para impuro e falso.

Em seu dia-a-dia, talvez tenha escutado a expressão: "Ele não é melhor que um animal". Você usualmente escuta através da mídia que as pessoas não são melhores que os animais. Para seus próprios interesses, facilmente enganam seus vizinhos, clientes, amigos e familiares. Pais e filhos se odeiam e às vezes estão prontos para se matarem.

As pessoas ousam a fazer coisas más porque suas almas se tornaram seus mestres desde a morte do espírito. Eles perderam a imagem de Deus por causa de seus pecados. Assim como os animais são feitos somente de corpo e alma, essas pessoas não poderão entrar no céu ou chamar Deus, Aba, Pai. Jesus nasceu em um estábulo para redimir os homens, que não são melhores que os animais.

Jesus é o Alimento Espiritual

Jesus foi colocado em uma manjedoura, um local para alimentar cavalos, para que fosse o verdadeiro alimento espiritual dos homens, que não são melhores que os animais (João 6:51).

Em outras palavras, foi a providência divina que guiou o homem à salvação completa, capacitando-o a resgatar a imagem perdida de Deus e a cumprir todo seu dever. Qual é, no entanto, o dever do homem? Eclesiastes 12:13-14 nos traz a seguinte passagem:

"Agora que já se ouviu tudo, aqui está a conclusão: Tema a Deus e obedeça aos seus mandamentos, porque isso é o essencial para o homem. Pois Deus trará a julgamento tudo o que foi feito, inclusive tudo o que está escondido, seja bom, seja mau".

O que significa o temer a Deus? Provérbios 8:13 nos diz: *"Temer o Senhor é odiar o mal; odeio o orgulho e arrogância, o mau comportamento e o falar perverso"*. Além disso, temer a Deus é não aceitar o mal e retirá-lo do seu coração.

Se você realmente teme a Deus, deve fazer o seu melhor para descartar qualquer tipo de mal, e se esforçar contra o pecado e lembrar-se do ponto do derramamento de sangue. Assim como estudantes se esforçam para obter resultados no futuro, você deve esforçar-se ao máximo para temer a Deus e cumprir o seu dever, para receber as bênçãos de Deus.

Na Bíblia, você pode encontrar a ordem que Deus dá aos seus

filhos como: "faça isso; não faça isso; guarde isso; lance fora". Por outro lado, Deus nos diz o que os filhos de Deus devem fazer: orar, amar, dar graças e muito mais. Há, também, o comando de Deus, para que não possamos odiar, adulterar ou ter vícios.

Deus também fala para obedecermos a certas ordens como: "Guarde e santifique o Sétimo Dia", "Guarde suas Promessas". Deus nos fala também para descartar o pecado, dizendo: "Evite todo tipo de mal", "Lance fora todo ódio" e assim por diante.

É dever do homem temer a Deus e guardar seus mandamentos. Deus saberá de todos os nossos feitos no Dia do Julgamento, tudo que está escondido será revelado, sendo bom ou mau. Ainda, quando você vive como um animal, esquecendo-se do seu dever, é natural que vá para o inferno devido ao Julgamento de Deus.

Da mesma forma, Jesus nasceu em um estábulo e foi colocado em uma manjedoura para redimir os homens que não são melhores que os animais e para ser o verdadeiro alimento espiritual do homem.

A Vida de Jesus na Pobreza

João 3:35 nos diz que: *"O Pai ama o Filho e entregou tudo em suas mãos"*. Em Colossenses 1:16 lemos que: *"Pois nele foram criadas todas as coisas nos céus e na terra, as visíveis e as invisíveis, sejam tronos ou soberanias, poderes ou autoridades; todas as coisas foram criadas por ele"*. Em outras palavras, Jesus é o único Filho de Deus, o Criador, e o

Senhor de todas as coisas no céu.

Então, por que Ele veio a este mundo humilde e viveu na pobreza, sabendo que era Filho de Deus Todo Poderoso rico, e se fez pobre?

Para Redimir o Homem da Pobreza

Em 2 Coríntios 8:9 lemos: *"Pois vocês conhecem a graça de nosso Senhor Jesus Cristo que, sendo rico, se fez pobre por amor de vocês, para que por meio de sua pobreza vocês se tornassem ricos".* A providência do imenso amor de Deus é manifestada em Jesus, que era o Rei dos Reis, Senhor dos Senhores, Filho do Criador. Ele abdicou de sua glória celeste, veio a este mundo e viveu na pobreza, enfrentando o descaso e maus tratos das pessoas e os redimiu da pobreza.

No início, Deus criou o homem para alimentar-se sem o suor de seu rosto e para aproveitar a prosperidade que tinha. No entanto, depois que o primeiro homem Adão desobedeceu à palavra de Deus e a corrompeu, o homem passou a alimentar-se do suor de seu trabalho. Por esse motivo, o homem vive na pobreza e escassez.

A pobreza em si não é um pecado. Jesus não derramou seu sangue na cruz para nos livrar da pobreza. A pobreza é uma maldição manifestada depois da desobediência de Adão a Deus. Jesus nos fez ricos vivendo na pobreza.

Alguns dizem que a longa vida de Jesus na pobreza significa pobreza espiritual. No entanto, pelo fato de Jesus ser concebido pelo Espírito Santo e ser um com o Pai, não está correto pensar que ele era espiritualmente pobre.

Você deve manter em mente o fato de que Jesus viveu na pobreza para nos redimir da pobreza. Dessa forma, teremos uma vida abundante com ações de graças e amor por Deus.

Alguns dizem que é um erro pedir dinheiro em oração. Outros pensam que se você é cristão, deveria viver na pobreza. Essa não é a vontade de Deus.

Na Bíblia, podemos ler várias passagens sobre bênçãos. Vamos a Deuteronômio 28:2-6:

> *"Todas estas bênçãos virão sobre vocês e os acompanharão, se vocês obedecerem ao Senhor, o seu Deus: Vocês serão abençoados na cidade e serão abençoados no campo. Os filhos do seu ventre serão abençoados, como também as colheitas de sua terra e os bezerros e os cordeiros de seus rebanhos. A sua cesta e a sua amassadeira serão abençoadas. Vocês serão abençoados em tudo o que fizerem".*

Em 3 João 1:2 lemos: *"Amado, oro para que você tenha boa saúde e tudo lhe corra bem, assim como vai bem a sua alma".* De fato, os escolhidos de Deus como Abraão, Isaac, Jacó, José e Daniel tiveram vidas prósperas.

Levar Uma Vida Abundante

Em Sua justiça, Deus faz você colher o que plantar. Assim

como os pais querem dar o melhor aos seus filhos, Deus quer lhe dar o que você pedir, mediante a fé (Marcos 11:24).

Deus quer lhe dar respostas e bênçãos, mas você não receberá nada, se não pedir ou se pedir sem discernimento. Ainda, se você tentar colher algo sem plantar antes, está zombando de Deus e indo contra a lei espiritual.

Alguns podem dizer: "Eu quero semear, mas não posso porque sou pobre". No entanto, na Bíblia, você encontrará várias pessoas que eram muito pobres, mas fizeram o seu melhor e semearam, por esse motivo foram ricamente abençoadas.

Em 1 Reis 17, encontramos a história de que houve três anos e meio de seca. Durante a seca, a viúva de Sarepta de Sidom fez um pedaço de pão para o profeta Elias com um punhado de farinha e uma botija de azeite. Deus ficou tão feliz de vê-la servindo Seu servo e a abençoou abundantemente: a farinha na vasilha não acabaria e o azeite na botija não secaria (1 Reis 17:14).

Durante a época de Jesus, uma pobre viúva colocou duas pequenas moedas na caixa de ofertas, mais do que os outros, no templo dos tesouros. Jesus disse que aquela viúva deu mais do que todos que ali estavam. Ela deu tudo o que tinha, enquanto os outros mediam tudo o que davam (Marcos 12: 42-44).

O mais importante é dar o que você tem de melhor a Deus. Deus não vê a quantidade de sua oferta e sim o aroma agradável do amor e fé de sua oferta.

Açoitado e Derramando seu Sangue

Antes da crucificação, os soldados romanos açoitaram e desdenharam de Jesus, batendo em sua face, cuspindo nele e assim por diante. Eles também açoitaram Jesus com um chicote, com uma tira de couro com pregos nas pontas.

Naqueles dias, os soldados romanos eram os mais robustos, disciplinados e fortes no mundo. Como deve ter sido severa a dor, quando tiraram sua roupa e o açoitaram! Quando o açoitaram com o chicote, sua pele foi rasgada, os seus ossos foram expostos e seu sangue derramou.

Para cumprir a profecia em Isaías: *"Ofereci minhas costas àqueles que me batiam, meu rosto àqueles que arrancavam minha barba; não escondi a face da zombaria e dos cuspes"* (Isaías 50:6). Jesus não tentou evitar nenhum de seus castigos.

Para Curar doenças e Enfermidades

Então, por que Jesus apanhou com chicote e teve seu sangue derramado? Por que Deus permitiu que isso acontecesse com o seu Filho? Isaías 53 explica a proposta do sofrimento e aflição de Jesus:

"Certamente ele tomou sobre si as nossas enfermidades e sobre si levou nossas doenças; contudo nós o consideramos castigado por Deus, por Deus atingido e afligido. Mas ele foi trespassado por causa das nossas transgressões, foi esmagado por causa das

nossas iniqüidades; o castigo que nos trouxe a paz estava sobre Ele, e pelas suas feridas fomos curados. Todos nós, tal qual ovelhas, nos desviamos; cada um de nós se voltou para o seu próprio caminho; e o Senhor fez cair sobre ele a iniqüidade de todos nós" (Isaías 53:5-6).

Jesus foi trespassado e esmagado por nossas transgressões e iniqüidades. Ele foi punido, açoitado e sangrou para nos dar paz e nos livrar de todas nossas enfermidades.

Em Mateus 9, quando Jesus curou um paralítico em uma maca, Ele primeiramente perdoou os seus pecados dizendo: "Seus pecados estão perdoados". Somente depois Jesus disse: "Levante, pegue a sua maca e vá para a casa".

Em João 5, depois de Jesus ter curado aquele que tinha sido inválido por 38 anos, Ele disse: *"Olhe, você está curado. Não volte a pecar, para que algo pior não lhe aconteça"* (João 5:14).

A Bíblia nos diz que essas enfermidades sobre você são resultado do pecado. Você precisa de alguém que possa livrá-lo do pecado, para que seja liberto das enfermidades. Sem derramamento de sangue, no entanto, não há propiciação (Levítico 17:11).

Isso é porque, durante os tempos do Antigo Testamento, quando alguém pecava, o sacerdote sacrificava um animal como sacrifício vivo. No entanto, você não precisa mais imolar um cordeiro, depois que Jesus veio em carne a este mundo e derramou Seu sangue puro por você. O santo sangue de Jesus nos lavou de todos os pecados do passado, presente e futuro.

Livrar-se Das Doenças e Das Enfermidades

Mateus 8:17 diz: *"E assim se cumpriu o que fora dito pelo profeta Isaías: 'Ele tomou sobre si as nossas enfermidades e sobre si levou as nossas doenças'"*. Ainda, se você entender por que Jesus foi açoitado e por que derramou o seu sangue, e crer nisso, você não precisa sofrer de doenças e enfermidades.

1 Pedro 2:24 diz: *"Ele mesmo levou em seu corpo os nossos pecados sobre o madeiro, a fim de que morrêssemos para os pecados e vivêssemos para a justiça; por suas feridas vocês foram curados"*. O tempo no presente perfeito foi utilizado porque Jesus já nos redimiu dos pecados.

Deus diz em Êxodo 15:26: *"Se vocês derem atenção ao Senhor, o seu Deus, e fizerem o que Ele aprova, se derem ouvidos aos seus mandamentos e obedecerem a todos os seus decretos, não trarei sobre vocês nenhuma das doenças que eu trouxe sobre os egípcios, pois eu sou o Senhor que os cura"*. Isso significa que se você fizer o que é certo diante de Deus, nenhuma doença o atingirá, porque os olhos de Deus são como chamas e o protegem.

Daremos um exemplo. Quando uma criança vem para casa chorando depois de apanhar do filho do vizinho, a responsabilidade e atitude dos pais diante deste incidente pode ser muito diferente, dependendo de sua fé.

Um pai pode ensinar seu filho dessa forma: "Por que você sempre apanha? Se você apanhou uma vez, deveria revidar duas ou três vezes". Outro exemplo seria o pai do filho que apanhou ir até a casa da outra criança e reclamar com os seus pais. E por último, haveria aqueles que não tomariam nenhuma atitude, embora no fundo do coração ficassem ressentidos e chateados com tal situação.

No entanto, Deus nos diz para tratar o mal com o bem, amar seus inimigos, e procurar ter paz com todos: *"Não resistam ao perverso. Se alguém o ferir na face direita, ofereça-lhe também a outra"* (Mateus 5:39).

Além disso, se você fizer o que é certo aos olhos de Deus, não terá dificuldades de guardar os Seus mandamentos e ordenamentos. Quando você se mantém em oração e fazendo o seu melhor, a graça e o poder de Deus virão sobre você e então fará qualquer coisa com a ajuda do Espírito Santo.

Ainda, agindo dessa forma, as doenças não poderão vir sobre você. E mesmo se as doenças vierem, o Deus que Cura perdoará os seus pecados e o curará completamente, quando encontrar o que estava errado diante de Deus e se arrepender desses erros de todo coração.

Mesmo sabendo que ao confessar com sua boca que Deus é poderoso, se você confiar no mundo ou ir a um hospital quando precisar e não tiverr a fé suficiente, Deus não ficará feliz, porque isso prova que você não confia plenamente Nele (2 Crônicas 16).

Vestindo uma Coroa de Espinhos

Uma coroa geralmente é para um Rei com o seu manto real.

Jesus era o único Filho de Deus, o Rei dos Reis e o Senhor dos Senhores. Ele usou uma coroa de espinhos ao invés de uma maravilhosa coroa feita de ouro, prata ou jóias.

> *"Então os soldados do governador levaram Jesus ao Pretório e reuniram toda a tropa ao seu redor. Tiraram-lhe as vestes e puseram nele um manto vermelho; fizeram uma coroa de espinhos e a colocaram em sua cabeça. Puseram uma vara em sua mão direita e, ajoelhando-se diante dele, zombavam: 'Salve, rei dos Judeus'. Cuspiram nele e, tirando-lhe a vara, batiam-lhe com ela na cabeça" (Mateus 27:29-30).*

Os soldados romanos torceram os espinhos para criar uma coroa bem pequena para Jesus e a colocaram de modo bem firme em sua cabeça. Os espinhos furaram sua testa e cabeça, e seu sangue escorreu pela sua face. Por que Deus, o Todo Poderoso, permitiu que o seu único Filho fosse coroado com uma coroa de espinhos, sofresse de dor e derramasse seu sangue?

Primeiro, Jesus Usou Uma Coroa de Espinhos Para Nos Redimir dos Pecados do Pensamento

Quando o homem, criado por Deus, comunicou-se com Ele e obedeceu à sua palavra, ele não cometeu pecado, pois estava de acordo com a ordem e a vontade de Deus.

No entanto, uma vez que foi tentado pela serpente e recebeu o pensamento dado por Satanás, ele pecou. Ele antes não tinha pensado em comer do fruto da árvore do conhecimento do bem e do mal. Depois de ser tentado, ele comeu, pois parecia agradável aos olhos para comer. Era também um desejo obter a sabedoria.

Da mesma forma, Satanás, que fez com que Adão e Eva desobedecessem a Deus, está trabalhando agora para que você peque cada vez mais, inclusive em pensamento.

No cérebro humano, existem células responsáveis pela memória. Desde o nascimento, o que você viu, escutou, aprendeu foi armazenado nas células da memória. Chamamos isso de conhecimento. O que chamamos de pensamento é um processo de reprodução do conhecimento armazenado através do trabalho de sua alma.

As pessoas crescem em ambientes diferentes. Aquilo que viram, ouviram e aprenderam é diferente do que aquilo que outra pessoa aprendeu, mesmo se ensinado a mesma coisa. As pessoas possuem valores diferentes.

A palavra de Deus não está de acordo com nosso conhecimento e teoria. Por exemplo, você deve imaginar que se quer ser exaltado, você deve tomar todas as providências para ser melhor que os outros. No entanto, Deus nos ensina que os humildes serão exaltados (Mateus 23:12).

Muitas pessoas pensam que é natural odiar seus inimigos, mas Deus nos diz: "Amai os vossos inimigos" e "Se o seu inimigo estiver faminto, dê a ele de comer; se ele estiver sedento, dê a ele de beber".

Os pensamentos de Deus são espirituais, mas os pensamentos dos homens são carnais. Satanás lhe dá pensamentos carnais para tentar que você evite a Deus, perturba-lhe para não conseguir a verdadeira fé e faz com que você siga caminhos mundanos, o caminho do pecado e da morte.

Em Mateus 16:21 e os versículos que se seguem, Jesus explicou aos Seus discípulos que Ele sofreria muito, e que Ele seria morto na cruz e ressuscitaria dos mortos no terceiro dia. Escutando isso, Pedro chegou a Jesus e começou a rebater, dizendo: *"Nunca Senhor! Isso nunca lhe acontecerá!"* (v. 22). No entanto, Jesus disse a Pedro furiosamente: *"Para trás de mim Satanás! Você é uma pedra de tropeço para mim, e não pensa nas coisas de Deus, mas nas dos homens"* (v. 23). Quando Jesus furiosamente disse: *"Para trás de mim Satanás"* não quis dizer que Pedro era Satanás, mas que era ele que trabalhava na mente de Pedro para prejudicar os planos de Deus.

Isso ocorreu porque Jesus tinha que sofrer na cruz para a salvação da humanidade de acordo com a vontade de Deus, mas Pedro tentou preveni-lo com seus pensamentos terrenos.

O apóstolo Paulo escreve em 2 Coríntios 10:3-6:

"Pois, embora vivamos como homens, não lutamos segundo os padrões humanos. As armas com as quais lutamos não são humanas, ao contrário, são poderosas em Deus para destruir fortalezas. Destruímos argumentos e toda pretensão que se levanta contra o conhecimento de Deus, e levamos cativo todo pensamento, para torná-lo obediente a Cristo".

Você deve destruir seus argumentos e racionalidades, que sempre trabalham contra o Reino de Deus. Tome cativo todo pensamento para torná-lo obediente a Cristo, para viver de acordo com a verdade, tornando-se assim uma pessoa com uma fé verdadeira.

Você deve lançar fora todo pensamento que faz com que você agrida uma pessoa para não ser humilhada quando esta o agride. Esse é um pensamento carnal e contra a verdade.

Além disso, você deveria abandonar todos os pecados que vêm em sua mente. Para resolver os problemas com os pecados completamente, você deve primeiramente abandonar a luxúria da carne, de seus olhos e o orgulho da vida. Estes são os inúteis pensamentos através dos quais Satanás se deleita.

A luxúria da carne, que são os pensamentos que se levantam em sua mente, são contra a vontade de Deus. Gálatas 5:19-21 lista tais desejos:

> *"Ora, as obras da carne são manifestas: imoralidade sexual, impureza e libertinagem; idolatria e feitiçaria; ódio e discórdia, ciúmes, ira, egoísmo, dissensões, facções e inveja; embriaguez, orgias e coisas semelhantes. Eu os advirto, como antes já os adverti: aqueles que praticam essas coisas não herdarão o Reino de Deus".*

O verdadeiro desejo de fazer a vontade de Deus o levará a abandonar a luxúria da carne.

A luxúria dos olhos de alguém, leva à mente desta pessoa ser fortemente influenciada pelo que vê e ouve, e perseguir desejos que surgem em sua mente. Quando alguém ama o mundo buscando a luxúria de seus olhos, apenas estes desejos parecem ter valor e nada o deixará satisfeito.

Uma mente arrogante surge em uma pessoa quando ela passa a possuir os prazeres do mundo, ao satisfazer a luxúria da carne e de seus olhos. Isso é chamado orgulho terreno.

Para nos redimir de todo tipo de imoralidade, impunidade e mal, Jesus usou uma coroa de espinhos e derramou seu sangue. Uma vez que somente o sangue de Jesus imaculado e sem culpa pode nos redimir de nossos pecados, ele nos redimiu de todos os pecados cometidos em nossos pensamentos, ao usar uma coroa de espinhos em sua cabeça e ao derramar seu sangue.

Segundo, Jesus Usou Uma Coroa de Espinhos Para Que o Homem Possa Ganhar Uma Coroa Melhor no Céu

Outra razão para que ele usasse a coroa de espinhos, é para que você conquiste coroas melhores. Como Ele o redimiu da pobreza e lhe deu a riqueza ao levar uma vida pobre, assim também ele utilizou uma coroa de espinhos, para que você possa utilizar uma coroa melhor no Céu.

Existem incontáveis coroas preparadas para os filhos de Deus no céu. Existem prêmios como medalhas de ouro, prata e bronze, dadas aos vencedores, de acordo com a sua posição em um evento esportivo. Da mesma forma, existem várias coroas no céu.

Existe uma coroa eterna conforme descrito em 1 Coríntios

9:25: *"Todos os que competem nos jogos se submetem a um treinamento rigoroso, para obter uma coroa que logo perece; mas nós o fazemos para ganhar uma coroa que dura para sempre"*. Uma coroa eterna está preparada para os filhos de Deus que se dedicaram a viver longe de seus pecados. A coroa de glória é preparada para aqueles que abandonam os seus pecados e vivem de acordo com a palavra de Deus e O glorificam (1 Pedro 5:4). A coroa da vida também está preparada para esses que amaram a Deus tremendamente, são fiéis a Ele até a morte e se tornam santos ao abandonar todo tipo de mal (Tiago 1:12; Apocalipse 2:10).

A coroa da justiça é dada àqueles que, como o apóstolo Paulo, se tornaram Santos ao descartar todos os seus pecados, e mais, cumpriram suas missões completamente de acordo com a vontade de Deus (2 Timóteo 4:8).

Também é descrito em Apocalipse 4:4: *"Ao redor do qual estavam outros vinte e quatro tronos, e assentados neles havia vinte e quatro anciãos. Eles estavam vestidos de branco e na cabeça tinham coroas de ouro"*. A coroa de ouro está preparada para as pessoas que atingiram o nível de um ancião e que assistirão Deus na Nova Jerusalém.

Aqui, "anciãos" não se refere às pessoas que receberam estes títulos nas igrejas deste mundo, mas descrevem pessoas reconhecidas por Deus como anciãos, porque foram santas e fiéis entre todo povo de Deus, tiveram uma fé inabalável.

Deus dá coroas diferentes a seus filhos, dependendo da extensão de sua santidade e do quanto a missão de Deus foi cumprida. Os filhos de Deus serão grandes no céu e receberão coroas melhores se não pensarem em como retribuir os desejos de sua natureza pecaminosa e se comportarem apropriadamente, de acordo com a vontade de Deus (Romanos 13:13-14), se suas almas estiverem em paz com eles enquanto viverem pelo Espírito (Gálatas 5:16), e se eles fielmente cumprirem seu chamado e sua missão!

Da mesma forma, Jesus redimiu você de todos os pecados cometidos através de seu pensamento, ao usar uma coroa de espinhos e derramar seu sangue. Quão grato você deveria ser, pois Ele prepara coroas melhores no céu para lhe dar de acordo com a medida da sua fé e o cumprimento de sua missão!

Portanto, você deve perceber o quão glorioso é estar qualificado para receber essas coroas. Então você deveria ter o coração do seu Senhor, abandonando todo tipo de mal, cumprindo sua missão e sendo fiel com todo o povo de Deus. Eu espero que você receba a melhor coroa que se possa receber no céu.

A Vestimenta de Jesus e Sua Túnica

Jesus estava vestindo uma coroa de espinhos e derramando seu sangue por todo Seu corpo, devido às várias chicotadas e foi ao Gólgota, um lugar de crucificação. Quando os soldados romanos crucificaram Jesus, tiraram sua roupa, dividindo em quatro pedaços, uma para cada um deles. Eles não dividiram a túnica, mas lançaram à sorte entre eles.

"Tendo crucificado Jesus, os soldados tomaram a roupa dele e a dividiram em quatro partes, uma para cada um deles, restando a túnica. Esta, porém, era sem costura, tecida em uma única peça, de alto a baixo. 'Não a rasguemos' disseram uns aos outros. 'Vamos decidir por sorteio quem ficará com ela'. Isso aconteceu para que se cumprisse a escritura que diz: 'Dividiram as minhas roupas entre si, e tiraram sortes pelas minhas vestes'" (João 19:23-24).

Por que a palavra de Deus explica em detalhes sobre as vestes e a túnica de Jesus? A história de Israel, depois de 70 d.C., está profundamente ligada na implicação espiritual desse evento.

Sendo Despido e Crucificado

De acordo com Mateus 27:22-26, a pedido dos israelitas que não reconheciam Jesus como o Messias, Jesus foi sentenciado à cruz por Pôncio Pilatos, depois que Ele havia sido zombado e desprezado de várias maneiras.

Depois de usar uma coroa de espinhos, ser zombado e escornado, Ele levou a Cruz ao Gólgota e foi crucificado lá. Pilatos ordenou que os soldados colocassem os seguintes dizeres contra Ele sobre Sua cabeça que dizia: "ESSE É JESUS, O REI DOS JUDEUS" (Mateus 27:37).

Os dizeres foram escritos em hebraico, latim e grego. O hebraico era a língua tradicional dos judeus, povo escolhido de Deus. Latim era a linguagem oficial do Império Romano, a nação mais poderosa naquele época, e o grego era a linguagem da cultura dominante do mundo. Dessa forma, a notícia escrita nessas três línguas simbolizam que todo o mundo reconheceu Jesus de fato como Rei dos Judeus e Rei dos Reis.

Após ler a notícia, em João 19:21-22, muitos Judeus protestaram para que Pilatos não escrevesse, "O Rei dos Judeus" mas ao invés disso escrevesse: "Ele disse: 'Eu sou o Rei dos Judeus'". Contudo, Pilatos respondeu a eles: "O que eu escrevi, está escrito". E deixou isso imutável. Isso significa que até Pilatos reconheceu Jesus como Rei dos Judeus.

Como Pilatos reconheceu Jesus como Rei dos Judeus, Ele de fato sendo o único Filho de Deus, é Rei dos Reis e Senhor dos Senhores. Não obstante, à frente de muitas pessoas assistindo, Jesus foi despido de suas roupas e túnica, e foi crucificado na cruz. Desta maneira, Ele suportou tamanha vergonha.

Estamos vivendo neste mundo deturpado, esquecendo a completa função do homem. E para nos redimir de todos os tipos de vergonha, imundícies, deturpações e imoralidade, Jesus, o Rei dos Reis, foi despido de suas roupas e túnica e sofreu vergonha, enquanto muitas pessoas a tudo assistiam. Se você entender o significado espiritual disso, você não poderá ajudar ou ser grato por isso.

Dividindo as Vestes de Jesus em Quatro Partes

Os soldados romanos despiram Jesus e o crucificaram. Eles tiraram suas roupas e a dividiram em quatro partes e lançaram sorte por sua túnica.

O senso comum diz que suas roupas não eram bonitas e nem caras. Então, por que os soldados dividiram suas roupas em quatro partes?

Eles sabiam que Jesus seria honrado como o Messias e por isso resolveram guardar um pedaço de suas vestes como um tesouro para suas famílias? Não, este não foi o caso.

Salmos 22:18 profetiza: *"dividiram as minhas roupas entre si e lançaram sorte sobre as minhas vestes."* Deus permitiu que os soldados romanos tirassem suas roupas e cumprissem este versículo (João 19:24).

Portanto, qual é a implicação espiritual que as vestes de Jesus possuem? Por que eles dividiram suas vestes em quatro partes, uma para cada um? Por que eles não dividiram sua túnica? Por que Deus permitiu esta história ser escrita antes?

Desde que Jesus é o rei dos Judeus, as roupas de Jesus se referem à nação de Israel ou ao povo Judeu. Como os soldados romanos dividiram as vestes em quatro partes, as vestes perderam sua forma.

Isto implica no fato de que Israel, como nação, seria destruída. Também indica que o nome Israel permaneceria nas partes das roupas remanescentes. Depois de tudo, as palavras escritas sobre Suas vestes profetizaram que os Judeus seriam espalhados em todas as direções, como resultado da destruição de sua nação. A história de Israel testifica que esta profecia foi cumprida.

Depois de 40 anos da morte de Jesus na cruz, o general do exército romano, chamado Tito, destruiu Jerusalém. O Templo de Deus foi completamente destruído, sem ficar pedra sobre pedra. Desde que a nação de Israel cessou sua existência, os Judeus se espalharam por todos os lugares, perseguidos e mesmo assassinados. Isso explica por,que os Judeus têm vivido espalhados pelo mundo até hoje.

Mateus 27:23 descreve uma cena horrível onde Pilatos conta à multidão deturpada que Jesus era inocente, mas eles gritavam ainda mais alto que crucificassem a Jesus. Diante disso, Pilatos lavou suas mãos com água, para mostrar que ele não era responsável pela morte de Jesus, dizendo: "Estou inocente do sangue deste homem; a responsabilidade é de vocês". Então, a multidão respondeu: "Que o sangue dele caia sobre nós e sobre os nossos filhos!".

Um elemento notável da história de Israel mostra claramente que muitos dos judeus e seus descendentes de fato derramaram seu sangue, como que para cumprir com o que a multidão disse a Pilatos. Em quatro décadas após a morte de Jesus, mais de 1.1 milhões de judeus foram mortos. Ademais, durante a Segunda Guerra Mundial, os nazistas assassinaram cerca de seis milhões de judeus. O filme "A Lista de Schindler" nos mostra cenas trágicas nas quais judeus, homens e mulheres, velhos e jovens, eram assassinados, despidos de quaisquer roupas. Mesmo a um criminoso é permitido vestir roupas limpas, quando é executado, mas os judeus foram despidos e assassinados.

Os judeus não reconheceram Jesus como o Messias, despiram-no, expuseram-no e crucificaram-no. Ao gritarem "Que o sangue dele caia sobre nós e sobre os nossos filhos," uma terrível aflição recaiu sobre o povo de Israel por gerações.

A Túnica Sem Costura de Jesus Tecida em Uma Peça

João 19:23 descreve a túnica de Jesus: *"Esta, porém, era sem costura, tecida numa única peça, de alto a baixo."* Aqui, "sem costura" significa que a túnica não havia sido feita a partir de vários pedaços de tecido. A maior parte das pessoas não possui a curiosidade em saber como suas roupas foram feitas, ou se foram tecidas de alto a baixo ou de baixo a alto. Então, por que a Bíblia descreve a túnica de Jesus em tamanho detalhe?

A Bíblia conta que o pai de todos os seres humanos é Adão, que o pai da fé é Abraão, e que o pai de Israel é Jacó. Deus nos ensina que o pai de Israel é Jacó e não Abraão, porque as doze tribos de Israel vieram dos doze filhos de Jacó. O fundador da nação de Israel é Jacó, porém o pai da fé foi Abraão.

Deus também abençoou a Jacó em todo-poderoso; "seja prolífero e multiplique-se. De você provirão uma nação e uma comunidade de nações, e reis estarão entre os seus descendentes."

De acordo com a palavra de Deus mencionada naqueles versos, os doze filhos de Jacó formaram a espinha dorsal de Israel e Israel foi uma nação unida até ser dividida nos dias do Rei Roboão em Israel ao norte e em Judá ao sul.

Mais tarde, o povo de Israel se misturou aos gentios, mas Judá permaneceu unida. Hoje, o povo de Judá é chamado de judeus.

O fato de que a túnica de Jesus não tinha costura, tecida de alto a baixo em uma peça, significa que a nação de Israel manteve sua unidade e identidade como descendentes de Jacó até hoje.

As Bênçãos da Túnica que Não Foi Rasgada

Aqui, a túnica significa o coração do povo. Uma vez que Jesus é o rei de Israel, Sua túnica remete ao coração do povo judeu.

Os israelitas, como povo de Deus, escolhidos através da fé de seu pai Abraão, têm adorado ao verdadeiro Deus sobre todas as coisas. O fato de a túnica não ter sido rasgada implica no fato de que o espírito do povo judeu, que adorava a Deus, foi preservado, sem ser quebrado em partes, mesmo quando a nação ou o governo de Israel foi por vezes destruído.

De fato, a Bíblia profetizou que os gentios não conseguiriam exterminar o espírito dos israelitas, que cumpriam o propósito de adorar a Deus profundamente em seus corações. Em outras palavras, seus corações foram mantidos firmemente na direção de Deus, mesmo quando a nação de Israel era destruída pelos gentios. Uma vez que eles têm um coração tão imutável, Deus escolheu os Israelitas como seu próprio povo e os tem utilizado para estabelecer Seu reino e retidão.

Mesmo hoje, os israelitas tentam obedecer à lei com uma vontade imutável. Isso se deve porque eles são descendentes de Jacó, que por si já possuía um coração imutável. Os israelitas surpreenderam o mundo inteiro ao ganhar sua independência em 14 de maio de 1948, muito tempo depois de perder seu próprio país. Após isso, eles se desenvolveram rapidamente como um dos mais avançados e influentes países do mundo, mostrando seu espírito nacionalista e sua excelência novamente.

Assim como os soldados romanos não podiam dividir a túnica de Jesus, que era sem costura, feita de alto a baixo em uma peça, os gentios não puderam destruir o espírito dos israelitas, adoradores de Deus. Depois de tudo, os israelitas, como descendentes de Jacó, estabeleceram um país independente e cumpriram a vontade de Deus como seu povo escolhido.

Israel no Final dos Tempos, Conforme Predito Pela Bíblia

Assim como Deus previu a história de Israel através das vestes e túnica de Jesus, Ele também nos deu uma dica dos últimos dias do mundo.

Ezequiel 38:8-9 diz:

"Depois de muitos dias você será chamado às armas. Daqui a alguns anos você invadirá uma terra que se recuperou da guerra, cujo povo foi reunido dentre muitas nações nos montes de Israel, os quais por muito tempo estiveram arrasados. Trazido das nações, agora vive em segurança. Você, todas as suas tropas e as muitas nações subirão, avançando como uma tempestade; você será como uma nuvem cobrindo a terra".

"Depois de muitos dias" é o período entre o nascimento de

Jesus até a sua Segunda Vinda, e "daqui a alguns anos" se refere aos últimos anos, próximos à Segunda Vinda. "Os montes de Israel" indica Jerusalém, que se localiza a 760 metros sobre o nível do mar. Portanto, a palavra que nos anos futuros muitas pessoas se reuniriam de muitos países predisse, que os Israelitas retornariam à sua terra vindos de todo o mundo, quando a volta de Jesus estivesse próxima.

Esta profecia se realizou quando Israel foi destruída pelo império Romano em 70 d.C., e ganhou sua independência em 1948. Israel estava desolada até se tornar independente, mas cresceu até se tornar uma das mais desenvolvidas nações do mundo.

O Novo Testamento também profetiza sobre a independência de Israel. Jesus em Mateus 24:32-34 nos diz o seguinte:

> *Aprendam a lição da figueira: quando seus ramos se renovam e suas folhas começam a brotar, vocês sabem que o verão está próximo. Assim também, quando virem todas estas coisas, saibam que ele está próximo, às portas. Eu lhes asseguro que não passará esta geração até que todas estas coisas aconteçam.*

Esta foi a resposta de Jesus aos seus discípulos que Lhe haviam perguntado pelos sinais de sua Segunda Vinda e o final dos tempos.

A figueira representa Israel. Quando as folhas caem e o vento frio sopra, você sabe que o inverno está próximo. Da mesma maneira, o quanto antes os galhos da figueira ficam macios e suas folhas começam a nascer, você sabe que o verão se aproxima. Com essa parábola, Jesus explica que quando Israel é restaurada, após um longo tempo de destruição, que é quando o povo de Israel ganha sua independência, a Segunda Vinda de Jesus estará muito próxima.

Você não sabe quanto tempo "esta geração" que Jesus menciona no versículo significa, mas você sabe que o que Ele disse certamente será cumprido. Você já presenciou a independência de Israel, então é muito fácil concluir que a Segunda Vinda de Jesus está muito próxima.

Sinais do Final dos Tempos

Em Mateus 24, quando seus discípulos perguntaram pelos sinais do final dos tempos, Jesus lhes explicou em detalhes. Contudo, ele não disse a hora e o dia exatos, dizendo, ninguém sabe o dia e a hora, nem mesmo os anjos no céu, nem mesmo o Filho, mas apenas o Pai (Mateus 24:36).

Isto apenas significa que Ele, como o Filho do Homem que veio em carne a este mundo, não sabia a hora e o dia exatos. Isto não significa que Jesus, como parte da Santa Trindade, não soubesse disso após a crucificação, ressurreição e ascensão ao Céu.

Dentre várias outras coisas que Jesus disse sobre os sinais do final dos tempos, Jesus nos alertou: *"Devido ao aumento da maldade, o amor de muitos esfriará, mas aquele que perseverar até o fim será salvo"* (Mateus 24:12-13).

Hoje, você pode perceber facilmente que a deturpação está aumentando e o amor está se esfriando. Muito dificilmente você consegue encontrar pessoas com os corações abertos. Jesus disse em Mateus 24:14: *"E este evangelho do Reino será pregado em todo o mundo como testemunho a todas as nações, e então virá o fim."* O evangelho já foi pregado em todos os cantos do planeta Terra.

Ademais, nós vivemos em uma "aldeia global" na qual qualquer esquina do globo é acessível via transporte ou comunicação. Esse fenômeno, também foi previsto em Daniel 12:4: *"Mas você, Daniel, feche com um selo as palavras do livro até o tempo do fim. Muitos irão por todo o lado, e o saber se multiplicará."* O evangelho se espalhou rapidamente através do mundo neste ambiente.

É verdade que mesmo que o evangelho tenha sido pregado por todo o mundo, deve haver algumas pessoas que não aceitam a Jesus porque seus corações estão fechados. Ou deve haver até mesmo pessoas em lugares remotos onde a semente do evangelho ainda não foi plantada.

As profecias do Velho Testamento foram todas cumpridas e a grande maioria das profecias do Novo Testamento também. Toda a Palavra de Deus é inspirada através do Espírito Santo. Sendo assim, a palavra de Deus não possui erros. Nem mesmo uma pequena letra ou uma vírgula podem ser mudadas na palavra de Deus. Deus tem cumprido sua palavra e promessas, e apenas algumas pequenas coisas estão ainda por ser cumpridas, incluindo a Segunda Vinda do nosso Senhor Jesus Cristo, sete anos da Grande Tribulação, o Novo Milênio e o Grande

Julgamento do Trono Branco.

Pregado Pelas Mãos e Pés

A crucificação era uma das maneiras mais cruéis de execução, sendo usada normalmente para assassinos e traidores. Os braços do condenado eram esticados em uma cruz de madeira. A pessoa era pregada através de ambas as mãos e os pés. Ele era pendurado na cruz por um longo tempo, até morrer. Ou seja, ele sofria uma imensurável dor até o último suspiro.

Jesus, o Filho de Deus, fez apenas boas ações e não tinha nem mesmo um ponto de culpa neste mundo. Então, por que Jesus foi pregado em suas mãos e pés, derramando seu sangue na cruz?

A Dor de Ser Pregado em Suas Mãos e Pés

Jesus foi sentenciado à morte em uma cruz e veio ao local de execução, o Gólgota. Um soldado romano segurando um grande prego de ferro em uma mão e um martelo em sua outra mão começou a pregar suas mãos e pés, ao comando de um centurião. Eles então levantaram a cruz. Você consegue imaginar quão doloroso isso deve ter sido?

O inocente Jesus teve de sofrer desde a dor, quando os pregos foram martelados em seu corpo, até quando seu corpo foi puxado para baixo por seu peso e as partes pregadas à cruz foram rasgadas com o movimento.

Se Jesus fosse decepado, sua dor teria durado apenas um

instante. Porém, morrer na cruz é muito mais doloroso, porque o condenado era pendurado, sofria de desidratação e exaustão, e perdia grande parte de seu sangue até o momento de sua morte.

Ademais, em um dia ensolarado no deserto, todos os tipos de insetos e vermes voavam sobre o seu corpo dilacerado para sugar o sangue fluindo de suas mãos e pés feridos. E ainda por cima, pessoas deturpadas apontavam seus dedos a Ele, cuspiam n'Ele, zombavam d'Ele, amaldiçoavam-No e insultavam-No. Algumas pessoas ainda O desprezavam dizendo: *"Você que destrói o templo e o reedifica em três dias, salve-se! Desça da cruz, se é Filho de Deus!"* (Mateus 27:40).

Uma dor insuportável acompanhou Jesus durante sua crucificação. Contudo, Jesus sabia muito bem, que ao levar sobre si nossos pecados e maldições ao morrer na cruz, abriria o caminho para redimir a humanidade de seus pecados e fazê-los filhos de Deus. Sua verdadeira dor, por outro lado, veio de outra fonte. Ainda havia pessoas que não conheciam esta providência de Deus ou que não receberam a salvação em meio aos seus pecados. Isso lhe trouxe a dor maior.

Pecados Cometidos Com as Mãos e os Pés

Uma vez que um pensamento pecaminoso nasce no coração, este coração impulsiona as mãos e os pés para cometer o pecado. Uma vez que existe uma lei espiritual onde o salário do pecado é a morte, uma vez que você comete um pecado, você deve ir para o inferno e lá sofrer para sempre.

Por isso Jesus diz: *"Se o seu pé o fizer tropeçar, corte-o. É melhor entrar no Reino de Deus aleijado do que, tendo os dois pés, ser lançado no inferno, onde o seu verme não morre, e o fogo não se apaga"* (Marcos 9:45-47).

Quantas vezes você cometeu pecados com suas mãos e pés desde o seu nascimento? Alguns batem em outras pessoas quando em ódio. Outros roubam, e ainda há outros que perdem suas fortunas jogando. Pessoas vão a lugares onde não deveriam ir. Portanto, se os seus pés lhe fazem pecar, é melhor cortá-los e entrar no céu que ser atirado ao inferno com eles.

Da mesma maneira, quantos pecados você já cometeu com os seus olhos? Ganância e adultério o consomem quando você vê algo que não deveria ver com os seus olhos. Por isso Jesus disse que se os seus olhos o fazem pecar, melhor seria arrancá-los e entrar nos céus do que ser lançado ao inferno com eles.

Durante o período do Velho Testamento, se alguém cometesse pecado com o seu olho, o mesmo era arrancado; se alguém cometesse pecado com sua mão ou pé, eram cortados; se alguém cometesse assassinato ou adultério, deveria ser apedrejado até a morte (Deuteronômio 19:19-21).

Sem o sofrimento de Jesus Cristo na cruz, mesmo hoje, os filhos de Deus deveriam cortar fora suas mãos e pés, se eles fossem utilizados para pecar. Contudo, Jesus levou a cruz, foi pregado nela em suas mãos e pés e derramou seu sangue. Ao fazer isso, Ele lavou os pecados cometidos por nossas mãos e pés e você não precisa agora sofrer mais, ou mesmo pagar um preço de sangue por seus pecados. Quão grande é o seu amor por nós!

Você deveria manter em mente que Ele nos purifica de todos os pecados, se nós andarmos na luz, assim como Ele está na luz, e se nós confessarmos nossos pecados e nos voltarmos a Ele (1 João 1:7).

Portanto, é muito importante que você encha seu coração com a verdade, de forma a levar uma vida vitoriosa com um coração grato e gracioso, que esteja sempre focado em Deus.

As Pernas de Jesus não Foram Quebradas, mas Seu Lado Foi Trespassado

O dia em que Jesus morreu foi uma sexta-feira, o dia anterior ao Sabbath. Nestes dias, o Sábado era observado como o Sabbath, e os judeus não queriam corpos deixados em cruzes durante o Sabbath.

Portanto, como você pode ler em João 19:31, os judeus pediram a Pilatos que se quebrassem as pernas dos crucificados e retirassem os corpos das cruzes.

Com a permissão de Pilatos, os soldados quebraram as pernas dos dois ladrões que haviam sido crucificados ao lado de Jesus, mas eles não quebraram as pernas de Jesus porque Ele já estava morto. Naqueles dias, os crucificados eram considerados amaldiçoados e tinham suas pernas quebradas, e foi por isso que os soldados quebraram suas pernas. Portanto, houve uma previsão de Deus, para que as pernas de Jesus não fossem quebradas.

Por Que as Pernas de Jesus Não Foram Quebradas?

Jesus, que não possuía pecados, foi amaldiçoado e pendurado numa cruz para redimir a humanidade da maldição da lei. Satanás não pôde quebrar suas pernas, não porque Jesus houvesse pecado, mas sim porque Ele morreu pela providência de Deus.

Além disso, Deus protegeu Jesus de ter seus ossos quebrados para cumprir as palavras do Salmo 34:20 que diz: *"protege todos os seus ossos, nenhum deles será quebrado."*

Em Números 9:12, Deus diz aos israelitas para não quebrarem nenhum dos ossos do cordeiro, quando eles o comerem. Ele também diz em Êxodo 12:46 que os israelitas poderiam comer a carne de cordeiros, mas não deveriam quebrar nenhum de seus ossos.

O "cordeiro" remete a Jesus, que era sem mancha ou mácula e, ainda assim, se entregou em sacrifício pela humanidade e seus pecados, em amor a nós. De acordo com as Escrituras, Êxodo 12:46 diz: *"Vocês o comerão (o cordeiro) em uma só casa; não levem nenhum pedaço de carne para fora da casa, nem quebrem nenhum dos ossos"* nenhum dos ossos de Jesus foi quebrado.

Seu Lado Foi Trespassado Com Uma Lança

João 19:32-34 descreve mais uma cena chocante:

"Vieram então os soldados e quebraram as pernas do primeiro homem que fora crucificado com Jesus, e em

seguida as do outro. Mas quando chegaram a Jesus,
constatando que já estava morto, não lhe quebraram as
pernas. Em vez disso, um dos soldados perfurou o lado
de Jesus com uma lança, e logo saiu sangue e água".

Mesmo sabendo que Jesus já havia morrido, por que o soldado ainda trespassou o lado de Jesus com uma lança, derramando sangue e água? Isso ilustra a maldade do homem.

Mesmo sendo Ele Deus, Jesus não exigiu ou se agarrou aos seus direitos de Deus. Ao invés disso, Ele se fez como nada. Ele assumiu a humilde posição de um servo e apareceu na forma de ser humano. Ele, obedientemente se humilhou, até morrer como um criminoso em uma cruz. Dessa forma, Jesus abriu a porta da salvação para você (Filipenses 2:6-8).

Durante a sua vida neste mundo, Jesus deu liberdade a cativos, riqueza aos pobres, e curou fracos e doentes. Ele não teve tempo suficiente para comer ou dormir, enquanto fazia o seu melhor para proclamar a palavra de Deus e salvar quantas almas pôde. Ele foi a um monte orar, mesmo quando seus discípulos estavam dormindo.

Muitos judeus o perseguiram com desdenho, mesmo Ele fazendo apenas o bem. No fim, eles o crucificaram em uma cruz por maldade. Ademais, mesmo sabendo que ele estava morto, um soldado romano o trespassou com uma lança. Isso nos mostra que as pessoas iam de maldades a maldades ainda piores.

Deus lhe mostrou seu tremendo amor, ao enviar seu único filho, Jesus Cristo, e crucificando-o em uma cruz, para redimi-lo de seus pecados, apesar das maldades do homem.

Derramando Sangue e Água de Seu Lado

Conforme já mencionado, um soldado romano trespassou o lado de Jesus com uma lança em sua maldade, mesmo sabendo que Jesus estava morto. Quando o soldado trespassou seu lado, sangue e água fluíram do corpo de Jesus. Existem três significados neste episódio.

Primeiramente isso mostra que Jesus veio em carne como o Filho do Homem. João 1:14 diz: *"e o Verbo se fez carne, e habitou entre nós. Vimos sua glória, glória como do Unigênito vindo do Pai, cheio de graça e de verdade."* Deus veio a este mundo em carne e Ele era Jesus.

Pecadores não podem ver a Deus porque eles morreriam ao ver a sua glória. Assim mesmo, como Deus não pode aparecer diretamente diante de nós, Ele então enviou Jesus em carne e mostrou muitas provas para que acreditemos em Deus.

A Bíblia nos conta que Jesus era um homem como nós. Marcos 3:20 diz: *"Então Jesus entrou numa casa, e novamente reuniu-se ali uma multidão, de modo que ele e os seus discípulos não conseguiam nem comer."* Mateus 8:24 nos conta: *"De repente, uma violenta tempestade se abateu do mar, de forma que as ondas inundavam o barco. Jesus, porém, dormia."*

Algumas pessoas podem imaginar que Jesus, o Filho de Deus, poderia estar faminto ou com dor. Contudo, desde que Jesus havia vindo em carne composta de ossos e músculos, Ele tinha de comer e dormir. Ele também sentia dor como nós sentimos.

O fato de que sangue e água fluíram de seu corpo, enquanto ele era trespassado, nos dá uma prova convincente de que Jesus veio a este mundo em carne, mesmo sendo Ele o Filho de Deus.

Em segundo lugar, também é uma prova de que mesmo sendo carne, nós podemos ter uma natureza divina. Deus quer que seus filhos sejam santos e perfeitos como Ele é. Então Ele diz: *"sejam santos, porque eu sou santo"* (1 Pedro 1:16) e *"Portanto, sejam perfeitos como perfeito é o Pai celestial de vocês"* (Mateus 5:48). Ele também nos encoraja dizendo: *"dessa maneira, Ele nos deu as suas grandiosas promessas, para que por elas vocês se tornassem participantes da natureza divina e fugissem da corrupção que há no mundo, causada pela cobiça"* (2 Pedro 1:4), e *"seja a atitude de vocês a mesma de Cristo Jesus"* (Filipenses 2:5).

Jesus veio a este mundo em carne e se tornou um servo, de acordo com a vontade de Deus, e cumpriu toda a sua missão. Ele também cumpriu a lei com amor, por vencer todas as tentações e tribulações, e vivendo de acordo com a palavra de Deus.

Mesmo sendo Ele apenas um homem como você, ele aceitou voluntariamente toda a dor, seguiu a vontade de Deus com firmeza e autocontrole, e se sacrificou em amor, ao morrer em uma cruz sem resistir ou reclamar.

Então, como nós podemos participar da natureza divina com o coração de Jesus Cristo?

Você deve crucificar sua natureza pecaminosa, que consiste de paixão e desejo, ter amor espiritual e orar veementemente para participar da natureza divina, ao ter exatamente as mesmas atitudes que as de Jesus.

Por outro lado, o amor carnal busca satisfazer a si mesmo, e este amor se torna frio, à medida que o tempo passa. Pessoas que possuem este tipo de amor traem umas às outras e sofrem quando não querem as mesmas coisas.

Por outro lado, Deus quer que você tenha o amor que é paciente, gentil e que se preocupa com os outros. Além disso, é o amor espiritual que nunca muda e floresce a cada dia. Você pode ter a atitude de Jesus tanto quanto você possua o amor espiritual, e tanto quanto você lance fora todo o mal, ao orar veementemente.

Da mesma maneira, qualquer um pode receber a graça de Deus e o poder, se buscar sua ajuda em jejum e oração constantes. Deus também trabalha para estes, livrando-os de todo o mal. Você brilhará como o sol no reino celestial, se possuir amor espiritual, produzindo o nono fruto do Espírito (Gálatas 5), e receber as bem-aventuranças (Mateus 5).

Em terceiro lugar, Jesus derramou seu sangue e água, sangue este que é poderoso para levá-lo a uma vida verdadeira e eterna.

O sangue de Jesus não possuía mancha, pecado, ou mácula, uma vez que Ele não possuía o pecado original, nem tampouco cometeu pecados. Espiritualmente este era o sangue que poderia ser ressurreto. Porque Ele derramou seu sangue, seus pecados são purificados e você pode possuir a vida eterna que leva à salvação, ressurreição e vida eterna.

A água, que fluiu do corpo de Jesus, simboliza a água viva, a palavra de Deus. Você pode ser preenchido com a verdade e ser um verdadeiro filho de Deus, ao estender seu conhecimento da palavra de Deus e lançar fora os seus pecados, ao viver de acordo com ela.

Jesus, sem nenhum pecado ou culpa, desistiu de tudo ao lhe dar uma vida verdadeira, ao ponto de derramar sangue e água, mesmo sabendo que nós não somos melhores que os animais.

Espero que você compreenda que pode ser salvo sem pagar qualquer preço e que jogue fora os seus pecados, orando veementemente em fé, de forma que você possa levar uma vida frutífera em Jesus Cristo.

Capítulo 7

As Últimas Sete Palavras de Jesus na Cruz

- Pai, Perdoa-lhes
- Hoje Me Encontrarás no Paraíso
- "Aí Está o Seu Filho" "Aí Está a Sua Mãe"
- *Eloí, Eloí, Lamá Sabactâni?*
- Tenho Sede
- Está Consumado
- Pai, Nas Tuas Mãos Entrego
  o Meu Espírito

"Jesus disse: 'Pai, perdoa-lhes, pois não sabem o que estão fazendo'"... (v. 34)

"Mas o outro criminoso o repreendeu, dizendo: 'Você não teme a Deus, nem estando sob a mesma sentença? Nós estamos sendo punidos com justiça, porque estamos recebendo o que os nossos atos merecem. Mas este homem não cometeu nenhum mal'. Então ele disse: 'Jesus, lembra-te de mim quando entrares no teu Reino'. Jesus lhe respondeu: 'Eu lhe garanto: hoje você estará comigo no paraíso'. Já era quase meio-dia e trevas cobriram toda a terra até as três horas da tarde; o sol deixara de brilhar. E o véu do santuário rasgou-se ao meio. Jesus bradou em alta voz: 'Pai, nas tuas mãos entrego o meu espírito'. Tendo dito isso, expirou" (v. 40-46).

Lucas 23:34-46

Muitas pessoas analisam sua vida, quando a morte está perto. Para amigos e familiares deixam suas últimas palavras.

Da mesma forma, Jesus se tornou carne, veio a este mundo através da providência de Deus e proclamou as sete últimas palavras na cruz até seu último suspiro. Esse fato chamamos de "As últimas sete palavras de Jesus na Cruz".

Examinaremos o significado espiritual das últimas sete palavras de Jesus na cruz.

Pai, Perdoa-lhes

O autor de Filipenses descreve Jesus na seguinte passOagem:

"Seja a atitude de vocês a mesma de Cristo Jesus, que, embora sendo Deus, não considerou que o ser igual a Deus era algo a que devia apegar-se; mas esvaziou-se a si mesmo, vindo a ser servo, tornando-se semelhante aos homens. E, sendo encontrado em forma humana, humilhou-se a si mesmo e foi obediente até a morte, e morte de cruz!" (Filipenses 2:5-8).

Jesus foi crucificado na cruz para demonstrar Seu amor e

obediência a Deus de forma que Ele abriu o caminho da salvação aos pecadores. As pessoas perto da cruz zombavam de Jesus gritando: *"O povo ficou observando, e as autoridades o ridicularizavam. 'Salvou os outros', diziam; 'salve-se a si mesmo, se é o Cristo de Deus, o Escolhido'"* (Lucas 23:35).

Os soldados também zombaram Dele, oferecendo-Lhe vinagre, e dizendo: *"Se você é o rei dos judeus, salve-se a si mesmo"* (v. 37). Um dos criminosos que estava ao lado lançou-lhe insultos, dizendo: *"Você não é o Cristo? Salve-se a si mesmo e a nós!"* (v. 39).

> *"Quando chegaram ao lugar chamado Caveira, ali o crucificaram com os criminosos, um à sua direita e o outro à sua esquerda. Jesus disse: 'Pai, perdoa-lhes, pois não sabem o que estão fazendo'. Então eles dividiram as roupas dele, tirando sortes" (Lucas 23:33-34).*

Jesus orou a Deus pedindo que lhes perdoasse: *"Pai, perdoa-lhes, pois não sabem o que estão fazendo"*, enquanto deu seu último suspiro. Jesus peticionou ao Pai para que tivesse misericórdia e para que perdoasse àqueles que não sabiam que era o Filho de Deus que estava sendo crucificado por seus pecados. Talvez nem sabiam o que era pecado. Esta, portanto, foi sua primeira palavra na cruz.

Jesus Orou com Amor Por Aqueles Que O Crucificavam

Jesus, Filho de Deus, orou por aqueles que O crucificaram, mesmo sabendo que não tinha defeito ou blasfemado. Quão profundo e incrível é o Seu amor! Jesus poderia facilmente ter se livrado da cruz para evitar seu castigo, tendo em vista que é o Filho de Deus e possui todo poder. No entanto, Ele foi crucificado para que se cumprisse o plano de salvação de acordo com a vontade de Deus. Além disso, Ele foi capaz de suportar todo sofrimento e vergonha, orar por eles com amor e pedir a Deus o perdão.

Jesus orou fervorosamente: *"Pai, perdoa-lhes, pois não sabem o que estão fazendo"*. Aqui, "eles" não significa apenas aqueles que zombaram e O crucificaram, mas inclui também todos os homens que não receberam a Jesus Cristo e continuavam trilhando o caminho das trevas. Assim como as pessoas que diretamente crucificaram Jesus, o Filho de Deus, muitas pessoas estão pecando, porque não conhecem a Jesus Cristo e a verdade.

O seu inimigo, o diabo, pertence às trevas e odeia a luz, por isso crucificou Jesus, a verdadeira luz. Hoje, o diabo controla as pessoas que pertencem às trevas e faz com que sejam perseguidos os que andam na luz.

Como você pode reagir àqueles que não conhecem a verdade?

Jesus nos ensina qual é a vontade de Deus e qual a atitude cristã que devemos ter diante das tribulações. Em Mateus 5:44

lemos: *"Mas eu lhes digo: Amem os seus inimigos e orem por aqueles que os perseguem"*. Devemos ser capazes de orar por todos aqueles que nos perseguem dizendo: "Deus, perdoa-lhes. Eles não sabem o que estão fazendo. Abençoa-os para que também recebam o Senhor e para que possamos nos encontrar nos céus".

Hoje Me Encontrarás no Paraíso

Dois criminosos também foram crucificados, quando Jesus foi pregado na cruz no Gólgota, "o lugar da Caveira" (Lucas 23:33).

Um dos criminosos insultou Jesus, mas o outro repreendeu o primeiro, arrependeu-se, e aceitou a Jesus como o seu Salvador. Depois, Jesus prometeu-lhe que estaria com Ele no Paraíso. Esta foi a segunda palavra de Jesus na cruz.

> *"Um dos criminosos que ali estavam dependurados lançava-lhe insultos: 'Você não é o Cristo? Salve-se a si mesmo e a nós!' Mas o outro criminoso o repreendeu, dizendo: 'Você não teme a Deus, nem estando sob a mesma sentença? Nós estamos sendo punidos com justiça, porque estamos recebendo o que os nossos atos merecem. Mas este homem não cometeu nenhum mal'. Então ele disse: 'Jesus, lembra-te de mim quando entrares no teu Reino'. Jesus lhe respondeu: 'Eu lhe garanto: Hoje você estará comigo no paraíso'" (Lucas*

23:39-43).

Jesus proclamou que era o Messias, que podia perdoar aos pecadores, quando se arrependiam, e os salvou através da segunda palavra proferida na cruz.

Quando você lê os quatro Evangelhos, as respostas dos dois criminosos foram escritas de forma diferente. Em Mateus 27:44 está escrito: *"Igualmente O insultavam os ladrões que haviam sido crucificados com Ele"*. Em Marcos 15:32 lemos: *"O Cristo, o Rei de Israel... 'Desça da cruz, para que o vejamos e creiamos!' Os que foram crucificados com ele também o insultavam"*. Nestes dois evangelhos, você vê que os dois criminosos insultaram a Jesus.

No entanto, em Lucas 23, lemos que um dos criminosos repreendeu o outro e se arrependeu dos seus pecados, aceitou Jesus e foi salvo. Isso não significa que os quatro evangelhos não estão um de acordo com o outro. Ao contrário, em Sua providência, Deus permitiu que os autores escrevessem de formas diferentes. Na Bíblia, a providência de Deus e os elementos históricos se condensam. Se tudo fosse escrito em detalhes, mil bíblias não seriam suficientes.

Hoje, se você grava algo com câmera, você poderá assistir depois, mas nos tempos de Jesus, não havia esse tipo de equipamento. Eles somente podiam descrever estes acontecimentos. Através de pequenas diferenças, você pode vivenciar e até imaginar situações de ângulos diferentes.

Um Entendimento Melhor Sobre a Crucificação de Jesus

Quando Jesus proclamou o evangelho, grandes multidões O acompanhavam. Uns queriam escutar Sua mensagem, outros queriam ver os milagres e sinais dos céus, e outros queriam apenas comida. Muitos venderam suas propriedades e foram servir a Jesus.

Em Lucas 9, Jesus deu graças por cinco pedaços de pão e dois peixes. O número de pessoas que comeram naquele dia foram cinco mil (Lucas 9:12-17). Imagine quantas pessoas haviam, incluindo os que amavam e odiavam Jesus, e que estavam reunidas no dia em que Ele foi crucificado. A multidão rodeou a cruz de forma que os soldados bloquearam os acessos com lanças e escudos. Imagine as pessoas gritando para Jesus ao redor da cruz. A multidão O insultava. Até um dos criminosos ao lado de Jesus O insultou.

Quem foi capaz de escutar o que um dos criminosos disse? Provavelmente os que estavam mais perto de Jesus puderam escutar suas palavras. O outro criminoso disse algo a Jesus com uma má expressão facial. No entanto, aqueles que estavam longe, no lado oposto, provavelmente viram que o criminoso que se arrependeu estava insultando Jesus.

Por um lado, naquele ambiente barulhento, os autores dos evangelhos de Mateus e Marcos não conseguiram ouvir o criminoso que se arrependeu e acharam que ele também insultou a Jesus.

Por outro lado, o autor do Evangelho de Lucas escutou

claramente, de forma que sabia que um dos criminosos não insultou a Jesus, e sim se arrependeu. Portanto, Mateus e Marcos estavam em locais diferentes que João e Lucas.

Deus, que sabe de todas as coisas, permitiu que eles escrevessem de formas diferentes, para que depois gerações pudessem discernir essas situações claramente.

Reino dos Céus Para o Criminoso Arrependido

Jesus prometeu ao criminoso arrependido na cruz antes da morte: "Eu lhe garanto: Hoje você estará comigo no paraíso". Essa passagem tem um significado espiritual.

Céus, Reino dos Céus, é muito vasta, além de nossa imaginação. Até mesmo Jesus nos diz em João 14:2: *"Na casa de meu Pai há muitos aposentos; se não fosse assim, eu lhes teria dito. Vou preparar-lhes um lugar"*. O salmista diz: *"Louvem-no os mais altos céus e as águas acima do firmamento"* (Salmos 148:4). Neemias 9:6 louva Deus que fez os céus, até mesmo os mais altos céus. 2 Coríntios 12:2 fala: *"Conheço um homem em Cristo que há catorze anos foi arrebatado ao terceiro céu. Se foi no corpo ou fora do corpo, não sei; Deus o sabe"*. Apocalipse 21:2, diz que na Nova Jerusalém está o trono de Deus.

Da mesma forma, há muitas moradas no céu. No entanto, você não tem permissão de viver no local de sua escolha. O Deus de Justiça recompensa a cada um conforme o que fez neste mundo. Quando você imita ao seu Senhor e trabalha pelo seu reino, os tesouros que você acumula e etc. (Mateus 11:12;

Apocalipse 22:12).

Em João 3:6 lemos: *"O que nasce da carne é carne, mas o que nasce do espírito é espírito"*. Dependendo da extensão, uma pessoa que pensava somente na carne pode se tornar espiritual, habitando em lugares nos céus que serão divididos em grupos de mesmo nível espiritual.

É claro que cada lugar nos Céus é maravilhoso, porque Deus reina nele. No entanto, há diferenças em alguns locais no céu. Por exemplo, estilo de vida, padrões de vida, gostos em metrópoles são bem diferentes daqueles no interior. Da mesma maneira, a cidade santa, Nova Jerusalém, é o local mais glorioso nos Céus, onde está o trono de Deus e onde os filhos que mais se assemelham a Ele residirão.

No entanto, o Paraíso é um lugar onde está o criminoso arrependido no último minuto de sua morte na cruz. Esse local é localizado na fronteira dos céus. Muitos outros que recebem salvação dessa mesma forma viverão neste mesmo lugar. Essas pessoas receberam a Jesus Cristo, mas não caminharam para ser mudadas espiritualmente.

Por que o criminoso arrependido entrou no Paraíso?

Ele confessou ser um pecador em seu bom coração e recebeu a Jesus como seu Salvador. No entanto, ele não viveu anteriormente conforme a palavra de Deus ou evangelizou outros. Ele não trabalhou para o Senhor. Ele não fez nada para receber recompensas no céu. Por isso ele entrou no Paraíso, o local mais simples no Céu.

Jesus Desceu às Profundezas da Terra

Mesmo sabendo que Jesus prometeu ao criminoso que: "Hoje você estará comigo no paraíso", não significa que Jesus vive somente no Paraíso. Jesus, o Rei dos Reis e Senhor dos Senhores governa e habita com os filhos de Deus em todo céu, incluindo o Paraíso e a Nova Jerusalém. Neste sentido, Ele habita no Paraíso como em qualquer outro lugar nos Céus.

Quando Jesus disse ao criminoso arrependido: "Hoje você estará comigo no paraíso", "hoje" não significa o dia específico que Jesus morreu na cruz ou outro dia em particular. Jesus mencionou que Ele estaria com o criminoso arrependido a qualquer momento, uma vez que ele se tornou um filho de Deus.

Quando nos referimos à Bíblia, Jesus não foi ao Paraíso depois de sua morte. Em Mateus 12:40 Jesus diz a alguns Fariseus: *"Pois assim como Jonas esteve três dias e três noites no ventre de um grande peixe, assim o filho do homem ficará três dias e três noites no coração da terra"*. Em Efésios 4:9 lemos: *"Que significa 'ele subiu', senão que também havia descido às profundezas da terra?"*

E mais, 1 Pedro 3:18-19 diz que: *"Pois também Cristo sofreu pelos pecados uma vez por todas, o justo pelos injustos, para conduzir-nos a Deus. Ele foi morto no corpo, mas vivificado pelo Espírito, que também foi e pregou aos espíritos em prisão"*. Jesus foi às profundezas e pregou aos espíritos antes de ressuscitar no terceiro dia. Por que isso era necessário?

Antes de Jesus vir a este mundo, muitas pessoas durante o Antigo Testamento e até mesmo no Novo Testamento não tiveram a oportunidade de escutar o evangelho, mas viveram na bondade aceitando a Deus. Isto significa que todos foram para o inferno porque não conheciam a Jesus?

Deus enviou seu único Filho a este mundo e aquele que O receber será salvo. Deus não criaria o homem para que fosse somente salvo quando Jesus Cristo viesse. Aqueles que não tiveram a oportunidade de escutar o evangelho, mas viveram na bondade serão julgados conforme suas ações.

Por um lado, aqueles que possuem bom coração estão reunidos nas Profundezas da Terra. Por outro lado, o Hades é um lugar onde as almas perdidas estão, até que chegue o Dia do Julgamento. Depois da crucificação, Jesus foi às profundezas da terra e pregou o evangelho aos espíritos que não o conheciam, mas viviam na bondade e eram dignos de ser salvos.

Não há outro nome abaixo dos Céus que possa dar Salvação ao homem, a não ser Jesus Cristo. Por esse motivo, Jesus desceu e pregou sobre Ele mesmo aos espíritos, para que O recebessem e fossem salvos.

A Bíblia diz que os espíritos salvos antes da crucificação de Jesus são levados para o lado de Abraão (Lucas 16:22), mas levados para o lado de Jesus após Sua ressurreição.

Salvação Conforme o Julgamento da Consciência

Antes de Jesus vir a este mundo para pregar o evangelho, boas pessoas viveram na retidão em seus corações. Esta é a Lei da consciência. Boas pessoas que não praticaram o mal, mesmo quando tiveram problemas e dificuldades, porque escutaram a voz do coração.

Romanos 1:20 nos diz: *"Pois desde a criação do mundo os atributos invisíveis de Deus, seu eterno poder e sua natureza divina têm sido vistos claramente, sendo compreendidos por meio das coisas criadas, de forma que tais homens são indesculpáveis"*.

Observando o universo e como tudo na terra está em perfeita harmonia, pessoas com bom coração acreditam que há vida eterna. Isso é porque não vivem de acordo com sua natureza pecaminosa e se controlam para não viver prazeres da carne, temendo a Deus.

Em Romanos 2:14-15 vemos que: *"De fato, quando os Gentios, que não têm a Lei, praticam naturalmente o que ela ordena, tornam-se lei para si mesmos, embora não possuam a Lei; pois mostram que as exigências da Lei estão gravadas em seu coração. Disso dão testemunho também a sua consciência e os pensamentos deles, ora acusando-os, ora defendendo-os"*.

Deus deu a lei apenas aos Israelitas, mas não aos Gentios. No entanto, sabemos que os Gentios estavam vivendo de acordo com a lei em seus corações e consciências. Você não pode dizer que aqueles que não acreditam em Jesus Cristo não podem ser salvos por nunca terem escutado o evangelho na vida.

Entre estes que morreram sem conhecer a Jesus Cristo, havia algumas pessoas que puderam se controlar contra os pensamentos maus, porque tinham coração limpo. Estas pessoas serão salvas de acordo com o julgamento de suas consciências.

"Aí Está o Seu Filho" "Aí Está a Sua Mãe"

O apóstolo João escreveu o que viu e ouviu diante da Cruz na qual Jesus estava. Havia muitas mulheres, incluindo Maria, mãe de Jesus, Salomé, irmã de sua mãe, Maria esposa de Cleofas e Maria Madalena. Em João 19:26-27, Jesus diz à Maria, sua mãe, ao ver sua dor, para receber João como seu filho e para que João cuidasse de sua mãe:

> *"Quando Jesus viu sua mãe ali, e, perto dela, o discípulo a quem ele amava, disse à sua mãe: 'Aí está o seu filho', e ao discípulo: 'Aí está a sua mãe'. Daquela hora em diante, o discípulo a recebeu em sua família".*

Por Que Jesus Disse "Mulher" e Não "Mãe"?

A palavra "mãe" não é dita por Jesus, mas escrita pelo apóstolo João em sua perspectiva. Então, por que Jesus chamou sua mãe, que lhe deu à luz, de "mulher"?

Se você se referir à Bíblia, Jesus não a chamou de "mãe".

Por exemplo, em João 2:1-11, Jesus fez o seu primeiro milagre, tornando água em vinho, assim que iniciou o seu ministério. O milagre ocorreu em um casamento em Caná da Galiléia. Jesus e os seus discípulos tinham sido convidados para o casamento. Quando o vinho acabou, Maria disse a Jesus: "Eles não têm mais vinho". Ela sabia que, como Filho de Deus, Jesus era capaz de transformar a água em vinho. Jesus disse: *"Que temos nós em comum, mulher? A minha hora ainda não chegou"* (v. 4).

Jesus respondeu naquele momento que ainda não era tempo de se mostrar como o Messias, mesmo sabendo o que Maria sentiu pelos convidados, pois não havia mais vinho. Transformar água em vinho, espiritualmente significava que ele derramaria seu sangue na Cruz.

Jesus proclamou que veio a este mundo como nosso Salvador, completando o plano divino para a salvação humana na Cruz. Então chamou a Maria "mulher" e não "mãe". Além disso, Jesus é Deus na Trindade e o Criador. Deus, o Criador, é o EU SOU O QUE SOU (Êxodo 3:14), o Primeiro e o Último (Apocalipse 1:17; 2:8). Desse dia em diante, Jesus não tinha mais uma mãe, por isso a chamou de "mulher" e não de "mãe".

Hoje, muitos filhos de Deus se referem a Maria como "mãe santa" ou até mesmo fazem dela imagens e adoram-na. Você deve entender que isso é absolutamente errado porque ela não é a mãe de nosso Salvador (Êxodo 20:4).

A Cidadania dos Céus

Jesus confortou Maria que estava muito triste com a Sua crucificação e disse ao seu discípulo amado para que cuidasse dela como sua própria mãe. Mesmo sabendo que Jesus sofria muito ali na Cruz, Ele se importou profundamente com o que poderia acontecer a Maria depois de sua morte. Você pode perceber aqui o Seu amor.

Através da terceira palavra de Jesus na Cruz, você pode imaginar que na fé, somos todos irmãos e irmãs – família de

Deus. Mateus 12 nos relata a cena quando a família de Jesus veio visitá-lo. Quando Jesus ficou sabendo deste fato, Ele disse à multidão:

> "'Quem é minha mãe, e quem são meus irmãos?', perguntou ele. E, estendendo a mão para os discípulos, disse: 'Aqui estão minha mãe e meus irmãos! Pois quem faz a vontade de meu Pai que está nos céus, este é meu irmão, minha irmã e minha mãe'" (Mateus 12:48-50).

Assim, quando sua fé cresce depois de receber a Jesus Cristo, sua noção de cidadão dos céus se torna mais clara e você ama a seu irmão e irmã na fé mais que a sua família biológica. Se seus familiares não são filhos de Deus, eles não durarão como "família" para sempre. Seu relacionamento familiar termina com a morte. Se não acreditam em Jesus Cristo ou não vivem conforme a vontade de Deus, mesmo se dizem acreditar em Deus, irão para o inferno, pois o salário do pecado é a morte (Mateus 7:21).

Sua carne voltará ao pó depois da morte, mas você possui um espírito imortal. Se Deus retirasse o seu espírito, você seria apenas um cadáver que logo apodreceria. Deus Criador formou o primeiro homem do pó da terra e soprou em suas narinas o sopro da vida, seu espírito tornou-se imortal. É Deus que faz nascer o seu espírito imortal e faz com que a carne retorne ao pó.

Mateus 23:9 nos diz: *"A ninguém na terra chamem 'pai', porque vocês só têm um Pai, aquele que está nos céus"*. Esse fato não significa que você não deva amar os não-crentes de sua família. É importante que você os ame profundamente, pregue a eles o evangelho e os guie para aceitarem a Jesus Cristo.

Eloí, Eloí, Lamá Sabactâni?

Jesus foi crucificado na cruz na terceira hora e, na sexta hora, trevas vieram sobre toda terra até que. na nona hora, deu Seu último suspiro. Convertendo na moderna concepção de tempo, Ele foi crucificado às 9 horas da manhã e três horas depois, ao meio dia, trevas vieram sobre toda a terra até às 15 horas.

> *"E houve trevas sobre toda a terra, do meio-dia às três horas da tarde. Por volta das três horas da tarde, Jesus bradou em alta voz: 'Eloí, Eloí, lamá sabactâni?', que significa 'Meu Deus! Meu Deus! Por que me abandonaste?'" (Marcos 15:33-34).*

Seis horas depois, na nona hora, Jesus clamou a Deus dizendo: "Eloí, Eloí, lamá sabactâni?" Esta foi a quarta palavra de Jesus na Cruz.

Jesus estava exausto, porque esteve pregado na cruz por seis horas, derramando o Seu sangue e água sob o forte sol do deserto. Ele estava completamente exausto. Então, por que Ele clamou?

Cada uma das sete palavras proferidas por Jesus na Cruz tem um significado espiritual. Se não tivessem sido escutadas, seriam inúteis. As sete últimas palavras proferidas vieram com a intenção de serem escritas claramente, para que todos entendessem a vontade de Deus.

Além disso, Ele proferiu essas últimas palavras na Cruz com todo esforço, para que aqueles que estavam ao seu redor pudessem escutar e até escrevê-las.

Alguns dizem que Jesus gritou se ressentindo com Deus, porque Ele veio a este mundo em carne e suportou dores desnecessariamente. No entanto, isso não é verdade.

Por Que Jesus Clamou *'Eloí, Eloí, Lamá Sabactâni?'*

A razão pela qual Jesus veio à terra foi para destruir os intentos de Satanás e para nos abrir o caminho da salvação.

Ainda, Jesus obedeceu à vontade de Deus ao ponto de morrer, se sacrificando completamente. Antes de Sua crucificação, Ele orou fervorosamente a Deus, e Seu suor era como gotas de sangue caindo no chão (Lucas 22:42-44). Ele carregou a cruz pesada, mesmo sabendo o que sofreria ao ser pendurado.

Ele suportou sofrimento e maus tratos na cruz porque sabia do plano de Deus para a salvação humana. Como então Jesus se ressentiria ao enfrentar sua morte? Seu clamor não foi de ódio ou reprovação a Deus. Jesus teve razões para fazer isso.

Primeiro, Jesus Queria Proclamar ao Mundo que Estava Sendo Crucificado Pelos Pecados do Mundo

Ele queria que todos entendessem que deixou sua Glória nos

Céus e foi desprezado completamente por Deus, mesmo sabendo que era o Seu único Filho. Ele clamou para que todos soubessem que estava ali para nos salvar de nossos pecados. A Bíblia nos diz que ele dizia "Meu Pai", mas na Cruz ele disse "Meu Deus". Isto é porque Jesus esteve na cruz no lugar de todos os pecadores e pecadores não podem chamar a Deus de "Pai".

Naquele momento, Deus viu Jesus como pecador, carregando os pecados de toda a humanidade, e Jesus não ousou chamar Deus de Pai. Da mesma forma, você chama a Deus de "Aba Pai" quando está correspondendo ao amor de Deus, mas O chama de "Deus" quando está afastado.

Deus quer que todos se tornem Seus verdadeiros filhos para O chamarem de "Pai", aceitando a Jesus Cristo e caminhando na luz.

Segundo, Jesus Mostrou a Todos Que Não Conheciam a Vontade de Deus e Que Ainda Viviam nas Trevas

Deus enviou Seu único Filho Jesus Cristo a este mundo e permitiu que ele fosse zombado e crucificado pelas suas próprias criaturas. Jesus sabia por que Deus desprezaria seu Filho, mas a multidão que ali estava não conhecia a vontade de Deus. Ele clamou "Meu Deus! Meu Deus! Por que me abandonaste?", para que os que desconheciam o amor de Deus se arrependessem e se firmassem no caminho da salvação.

Tenho Sede

No Antigo Testamento, existem inúmeras profecias sobre o sofrimento de Jesus na Cruz. Em Salmo 69:21, lemos: *"Puseram fel na minha comida e para matar-me a sede deram-me vinagre"*. Assim como descrito em Salmos, quando Jesus disse "Tenho sede", molharam uma esponja com vinagre colocando-a na ponta de um caniço de hissopo e a puseram nos lábios de Jesus.

> *"Mais tarde, sabendo então que tudo estava concluído, para que a Escritura se cumprisse, Jesus disse: 'Tenho sede'. Estava ali uma vasilha cheia de vinagre. Então embeberam uma esponja nela, colocaram a esponja na ponta de um caniço de hissopo e a ergueram até os lábios de Jesus" (João 19:28-29).*

Antes de Jesus Cristo nascer na cidade de Belém, o salmista viu em uma visão que Jesus seria crucificado e que morreria na cruz, e escreveu sobre isso. Jesus disse: "Tenho sede" para que a escritura fosse cumprida.

Vamos analisar sobre o significado espiritual da quinta palavra que Jesus proferiu na cruz: "Tenho sede".

Jesus Declara Sua Sede Espiritual

Muitas pessoas podem suportar a fome, mas não a sede. Jesus estava completamente exausto porque estava preso na cruz há seis horas e havia derramado seu sangue debaixo de um sol de deserto. O grau de sua sede é muito além de nossa imaginação.

Isso não significava que Ele não agüentava mais de sede quando disse: "Tenho sede". Ele sabia que retornaria em paz a Deus em breve.

De fato, Ele sofreu mais com a sede espiritual do que com a sede física. Este é o forte desejo de Jesus para os filhos de Deus: "Tenho sede, porque derramei o meu sangue. Sacie minha sede pagando com o meu sangue".

Dois mil anos se passaram desde a morte de Jesus na cruz, mas Ele continua nos mostrando Sua sede. Sua sede era do derramamento de Seu sangue. Ele derramou Seu sangue para nos perdoar de nossos pecados e nos dar vida eterna.

Jesus nos diz que Ele está com sede para demonstrar-nos sua boa vontade em salvar as almas perdidas. Além disso, os filhos de Deus que são salvos pelo sangue de Jesus precisam recompensar este sangue.

A forma pela qual você pode pagar este sangue e saciar Sua sede é guiar pessoas do caminho do inferno para o céu.

Além disso, você deve ser grato por Jesus que derramou Seu sangue e agora sacia Sua sede, guiando pessoas ao caminho da salvação.

Está Consumado

Em João 19:30, lemos que Jesus provou o que deram a Ele de beber e disse: "Está consumado" e curvou a sua cabeça e entregou o seu espírito. Jesus aceitou a esponja de vinagre na ponta de um caniço de hissopo. Isso não ocorreu porque Ele não agüentava mais a sede. Há um significado espiritual para este feito.

A razão pela qual Jesus veio em carne para este mundo era para ser crucificado pelos pecados da humanidade. Em Seu grande amor por nós, Jesus cumpriu a Lei do Antigo Testamento e esteve no lugar de todos, por seus pecados. Durante a época do Antigo Testamento as pessoas ofereciam animais em sacrifício para Deus, quando pecavam. No entanto, Jesus fez um único sacrifício por todos os nossos pecados derramando seu sangue (Hebreus 10:11-12). Ainda, seus pecados são perdoados quando você recebe a Jesus Cristo porque ele já o redimiu. Redenção e graça através de Jesus Cristo se refere ao novo vinho. Ele bebeu o vinagre para nos dar o vinho novo.

O Significado Espiritual da Palavra "Está Consumado"

Jesus disse: "Está consumado" e entregou o seu espírito. O que isso significa espiritualmente?

Jesus se tornou carne, veio à terra, pregou o evangelho, curou todo tipo de enfermidade e abriu caminho para a salvação, indo para a cruz por todos aqueles que estavam destinados à morte.

Ele cumpriu a lei do Antigo Testamento com amor e Se sacrificou ao ponto da morte. Ele também venceu os intentos de satanás completamente. Isso mesmo, Ele completou o plano divino para a salvação da humanidade. Por isso Jesus disse na cruz: "está consumado".

Deus quer que seus filhos cumpram tudo, vivendo de acordo

com a Sua vontade, assim como Seu único Filho Jesus cumpriu todas as providências da salvação, obedecendo ao Pai ao ponto de sacrificar-se.

Ainda, você deve imitar o coração do seu Senhor, adquirindo amor espiritual: carregando os nove frutos do Espírito Santo (Gálatas 5:22-23) e cumprindo as Bem-aventuranças (Mateus 5:3-10). Você deve ser fiel ao trabalho dado a você por Deus. Você deve guiar várias pessoas para a oração, para pregar o evangelho e para servir na igreja.

Eu espero que cada um de vocês, preciosos filhos de Deus, reinem sobre o mundo firmes na fé, esperançosos pelo céu e com amor para com Deus, e que confessem "Está consumado", obedecendo a Deus e à sua vontade, da mesma forma que Jesus Cristo nos demonstrou.

Pai, Nas Tuas Mãos Entrego o Meu Espírito

No momento em que Ele proferiu suas últimas palavras na cruz, Jesus estava completamente exausto e clamou bem alto: "Pai, nas Tuas mãos entrego o meu Espírito".

> *"Jesus bradou em alta voz: 'Pai, nas tuas mãos entrego o meu espírito'. Tendo dito isso, expirou"* *(Lucas 23:46).*

Você pode notar que Jesus aqui chamou Deus de "Pai" ao invés de "Meu Deus". Isso indicou que naquele momento Jesus havia cumprido toda sua missão como sacrifício vivo.

Jesus Entregou Sua Alma e Espírito a Deus

Por que Jesus, que veio à terra como nosso Salvador, entregou a Sua alma e espírito nas mãos do Pai?

O homem é composto de espírito, alma e corpo (1 Tessalonicenses 5:23). Quando ele morreu, sua alma saiu de seu corpo. Seu espírito e alma irão para o lado de Deus, se for filho de Deus. Ao contrário, se você não é filho de Deus, seu espírito e alma irão para o inferno (Lucas 16:91-31). Seu corpo é enterrado e retorna ao pó.

Jesus, o Filho de Deus, se tornou carne e veio a este mundo. Ele tinha espírito, alma e corpo da mesma forma que nós. Quando foi crucificado, Seu corpo morreu, mas não sua alma e espírito e Ele os entregou nas mãos do Pai.

Deus recebe seu espírito e sua alma quando você morre. Se Deus recebe apenas o espírito e não a alma, você nunca experimentará a verdadeira felicidade no céu ou será agradecido do fundo do seu coração. Por que? Você não se lembrará de coisas como lágrimas, tristeza, sofrimento e todas as outras coisas que passou nesta terra. Por isso Deus recebe espírito e alma.

Então, por que Jesus entregou ambos a Deus? É porque Deus, o Criador, governa tudo e a todos e cuida da vida, morte, maldição e bênção. É como dizer: tudo pertence a Deus e está sobre sua soberania. Ele é o único que responde às suas orações. Ainda, Jesus mesmo teve que orar para entregar Seu espírito e alma a Deus (Mateus 10:29-31).

Jesus Clamou Alto

Por que Jesus clamou em voz alta, mesmo estando em meio a tanto sofrimento, dizendo: "Pai, nas Tuas mãos entrego o meu espírito"?

Isso aconteceu porque Ele queria que as pessoas que estavam perto dele escutassem e para que soubessem que o clamor era a vontade de Deus. A sua oração para a entrega de Seu espírito a Deus foi tão fervorosa quanto aquela no Getsêmani, antes de ser preso.

Também, a oração de Jesus: "Pai, nas Tuas mãos entrego o meu espírito" nos prova que Jesus cumpriu tudo conforme a vontade de Deus. Isso mesmo, agora podia entregar Seu espírito a Deus depois de ter completado sua missão e de ter cumprido completamente a vontade de Deus.

O apóstolo Paulo confessou: *"Combati o bom combate, terminei a corrida, guardei a fé. Agora me está reservada a coroa da justiça, que o Senhor, justo Juiz, me dará naquele dia; e não somente a mim, mas também a todos os que amam a sua vinda"* (2 Timóteo 4:7-8).

O diácono Estêvão também viveu conforme a vontade de Deus e manteve sua fé. Por esse motivo, ele pôde orar: "Senhor Jesus, recebe o meu espírito" e adormeceu (Atos 7:59). Os apóstolos Paulo e Estêvão não poderiam orar dessa maneira se tivessem uma vida indigna, de natureza pecaminosa.

Da mesma forma, você pode dizer orgulhosamente: "Está consumado" e "Pai, em Tuas mãos entrego o meu espírito", da mesma forma que Jesus fez, se vive de acordo com a vontade do Pai.

O Que Aconteceu Após a Morte de Jesus?

Jesus morreu na cruz depois de pronunciar suas últimas sete palavras. Ocorreu na nona hora (três horas da tarde). Mesmo sendo dia, as trevas tomaram conta de toda a terra da sexta hora (meio dia) até a nona hora e a cortina do templo se rasgou em duas (Lucas 23:44-45).

> *"Naquele momento, o véu do santuário rasgou-se em duas partes, de alto a baixo. A terra tremeu, e as rochas se partiram. Os sepulcros se abriram, e os corpos de muitos santos que tinham morrido foram ressuscitados. E, saindo dos sepulcros, depois da ressurreição de Jesus, entraram na cidade santa e apareceram a muitos"* (Mateus 27:51-53).

Há um significado espiritual muito importante na frase: "o véu do santuário rasgou-se em duas partes, de alto a baixo". O longo véu do templo dividia o Lugar Santo do Santo dos Santos. Ninguém podia entrar no Lugar Santo que não fosse sacerdote e somente o sumo sacerdote podia entrar no Santo dos Santos uma vez por ano.

O corte no véu do templo indicou que Jesus se ofereceu como sacrifício para romper com os pecados. Antes de o véu ser partido em dois, o sumo sacerdote oferecia sacrifícios a Deus em favor do povo e meditava a Deus.

Você agora pode ter um relacionamento direto com Deus, porque a parede de pecados partiu em duas após a morte de

Jesus. Isso mesmo, aquele que crer em Jesus Cristo pode entrar no Santo Lugar e louvar a Deus sem a intermediação de sumos sacerdotes ou profetas.

Além disso, em Hebreus lemos: *"Portanto, irmãos, temos plena confiança para entrar no Santo dos Santos pelo sangue de Jesus, por um novo e vivo caminho que ele nos abriu por meio do véu, isto é, do seu corpo"* (Hebreus 10:19-20).

E mais, a terra tremeu e as rochas se partiram. Todos esses eventos sobrenaturais nos dizem que toda a natureza neste evento foi abalada. Foi uma representação da dor de Deus sobre a maldade do homem. Deus expressou ali que estava profundamente magoado porque o coração do homem era muito corrupto para receber a Jesus Cristo, mesmo sabendo que Jesus morreu por eles.

Os sepulcros se abriram e os corpos de muitos santos ressuscitaram. Essa é uma evidência de que aquele que acredita em Cristo é perdoado e vive novamente.

No mais, espero que você entenda o significado especial e o amor do Senhor em suas últimas palavras na cruz e que você possa levar uma vida cristã vitoriosa.

Capítulo 8

Fé Verdadeira e Vida Eterna

- Que Profundo Mistério!
- Falsas Confissões Não Levam à Salvação
- A Carne e o Sangue do Filho do Homem
- Perdão Somente Andando na Luz
- Fé com Ações é Uma Fé Verdadeira

"Todo aquele que come a minha carne e bebe o meu sangue tem a vida eterna, e eu o ressuscitarei no último dia. Pois a minha carne é verdadeira comida e o meu sangue é verdadeira bebida. Todo aquele que come a minha carne e bebe o meu sangue permanece em mim e eu nele. Da mesma forma como o Pai que vive me enviou e eu vivo por causa do Pai, assim aquele que se alimenta de mim viverá por minha causa".

João 6 :54-57

O objetivo principal de crer em Jesus Cristo e freqüentar a Igreja é ser salvo e obter vida eterna. No entanto, muitas pessoas pensam que somente serão salvas se forem à Igreja nos domingos, dizendo que acreditam em Jesus Cristo, sem viver conforme a palavra de Deus.

Lemos em Gálatas 2:16: *"sabemos que ninguém é justificado pela prática da Lei, mas mediante a fé em Jesus Cristo. Assim, nós também cremos em Cristo Jesus para sermos justificados pela fé em Cristo, e não pela prática da Lei, porque pela prática da Lei ninguém será justificado".* Você não pode entrar no céu ou ser justificado somente pela observância da Lei, especialmente quando seu coração está cheio de maldade. Você não terá relacionamento com Jesus Cristo, se continuar pecando e não seguir a palavra de Deus que aprendeu.

Além disso, você deve imaginar que é diferente para você ser salvo somente professando sua fé com os lábios. O sangue de Jesus Cristo o purifica de todos os pecados, quando você anda na luz e não nas trevas. Você deve ter fé acompanhada por ação (1 João 1:5-7).

Agora, vamos considerar em detalhes como obter uma fé verdadeira para receber salvação completa como um legítimo filho de Deus.

Que Profundo Mistério!

Está escrito em Efésios 5:31-32: *"Por essa razão, o homem deixará pai e mãe e se unirá à sua mulher, e os dois se tornarão uma só carne. Este é um mistério profundo; refiro-me, porém, a Cristo e à igreja".*

É senso comum que as pessoas possuem pais e que se unem como homem e mulher quando crescem. Então, por que Deus disse que era um mistério profundo? Se você interpretar e entender este versículo literalmente, você não compreenderá este "mistério profundo", mas se você procurar o significado espiritual dele, você será cheio de alegria.

A Igreja, neste versículo, se refere aos filhos de Deus que receberam o Espírito Santo. Deus compara o relacionamento de Jesus Cristo e os crentes com o relacionamento entre um homem e uma mulher que se uniram em casamento.

Como você pode deixar o mundo e se unir a Cristo, seu Noivo?

Se Você Aceitar Jesus pela Fé

Desde que o primeiro homem, Adão, pecou, desobedecendo a Deus, o pecado entrou no mundo. Todos os seus descendentes se tornaram escravos do pecado e filhos do inimigo que governa este mundo.

Você pertencia a este mundo e ao inimigo, que tem o poder deste mundo tenebroso, antes de aceitar a Jesus Cristo. Isso foi confirmado em João 8:44: *"Vocês pertencem ao pai de vocês, o Diabo, e querem realizar o desejo dele. Ele foi homicida desde o princípio e não se apegou à verdade, pois não há verdade nele. Quando mente, fala a sua própria língua, pois é mentiroso e pai da mentira"* e em 1 João 3:8 diz: *"Aquele que pratica o pecado é do Diabo, porque o Diabo vem pecando desde o princípio. Para isso o Filho de Deus se manifestou: para destruir as obras do Diabo".*

No entanto, quando você aceita a Jesus Cristo como seu Salvador e vem para a luz, você recebe a autoridade de ser chamado filho de Deus e se vê livre de seus pecados, pois são perdoados através do sangue de Jesus Cristo.

Se você possuir a fé de que Jesus Cristo o redimiu de seus pecados na cruz, Deus lhe dá o Espírito Santo como consolador e habita em seu coração. O Espírito Santo o ajuda e ensina a perfeita e agradável vontade de Deus, para que viva na verdade.

Ao se tornar um filho de Deus, guiado pelo Seu Espírito, a Ele você clama "Aba Pai" (Romanos 8:14-15), e herda o reino dos Céus.

Como é maravilhoso e misterioso ver que os filhos que antes eram do inimigo e caminhavam para a morte se tornaram filhos de Deus e caminham para a vida eterna!

Quando você se une a Jesus Cristo, crendo Nele, o Espírito Santo entra em seu coração e se une com a semente da vida. O sopro de vida é a semente da vida, ou seja, a vida em si. Ainda, nunca morrerá e será passada aos descendentes através dos óvulos e espermatozóides dos seres humanos de uma geração à outra.

A semente da vida está presa ao coração. Depois de criar Abraão, Deus plantou o conhecimento da vida e do espírito em seu coração. Um recém-nascido deve aprender o conhecimento deste mundo, para ser um ser humano culto e de caráter. Um ser humano precisa conhecer a vida para se tornar um verdadeiro ser, mesmo sabendo que ele já possui vida em si.

Adão foi cheio apenas com o conhecimento do espírito, chamado verdade. No entanto, ele desobedeceu a Deus, e a comunicação entre ele e Deus foi desconectada. Ele começou a perder o conhecimento do espírito aos poucos e a mentira tomou conta do seu coração.

Daquele dia em diante, o coração que antes era cheio somente de verdade foi cheio de duas formas: verdade e mentira. Por exemplo, Adão tinha amor em seu coração, mas o inimigo plantou nele uma mentira chamada ódio. Como resultado, você pode crer em Gênesis 4 que Caim, filho de Adão, pecou matando o seu irmão Abel por causa do ciúme e da inveja.

Com o passar do tempo, outra parte começou a desenvolver em seu coração, cheia de verdade e mentira. Essa parte é chamada natureza. Você herda traços e características de seus pais. Você capta o que vê, escuta e aprende, armazenando isso em sua mente. Isso forma a natureza, na busca da verdade.

Essa natureza é usualmente chamada de "consciência" e é formada de diferentes formas, dependendo do tipo de pessoa que você conhece, do tipo de livro que você lê, e do tipo de circunstâncias nas quais foi criado. Por um instante, observando o mesmo evento ou outro individualmente, alguns dizem: "É mau" ou "É bom" ou até "pertence ao bem".

Além disso, quando você analisa o coração, há uma parte verdadeira que pertence a Deus e uma parte que foi dada por Satanás e uma formada destas duas partes.

O Espírito Santo Unido à Semente do Coração

No caso de Adão, estas três partes estavam envolvendo a semente da vida que tinha sido dada por Deus em seu coração. Este estado é quando a palavra de Deus "certamente morrerá" foi cumprida depois que Adão comeu do fruto da árvore do conhecimento do bem e do mal. Mesmo sabendo que há a semente da vida, não é diferente de estar morto se não funciona.

Por exemplo, quando você semeia sementes no campo, nem todas brotarão porque algumas podem já estar mortas. Se as sementes estão vivas, certamente brotarão.

Ocorre o mesmo com os seres humanos. Se a semente da vida dada por Deus está completamente morta, não reviverá. Se revivesse, não haveria razão para que Deus preparasse a vinda de Jesus Cristo para a salvação dos homens, ou até mesmo criar céu e inferno.

No entanto, a semente da vida dada ao homem, quando Deus soprou em suas narinas o fôlego de vida, é eterna. Quando você recebe o evangelho, a semente da vida revive; a parte da verdade que está em seu coração cresce e você aceita o evangelho mais fácil. Aquele que escuta a mensagem da cruz e aceita a Jesus Cristo recebe o Espírito Santo. Nesse momento, a semente da vida que está em seu coração se conecta ao Espírito Santo.

Ao contrário, as pessoas com a consciência cauterizada como

um ferro quente não cedem espaço ao evangelho, porque o coração está repleto de mentiras e ocultando a semente da vida de seus corações.

Tornar-se um Homem do Espírito

Ao louvar a Deus, viver Sua palavra e orar, a força, graça e o poder de Deus vêm sobre sua vida e o capacitam a seguir a natureza do Espírito Santo.

Através desse processo, seu coração e espírito se tornam um, fazendo com que o seu coração remova a mentira e se encha cada vez mais com a verdade. Se um determinado coração está completamente cheio do conhecimento e do espírito da verdade, este coração será puro espírito, da forma que o primeiro homem Adão era.

Mesmo com muita fé, agirá conforme sua natureza, se não orar. O Espírito Santo em você não conseguirá agir e você ainda viverá na carne. Além disso, você não pode seguir a natureza do Espírito Santo, se não romper com os argumentos e pensamentos mundanos. Assim, você não conseguirá ser transformado em um homem do espírito.

O Espírito Santo o capacita para pensar de acordo com a verdade que está em seu coração. Isto é, você vive atrás dos desejos do Espírito Santo. Da mesma forma, Satanás trabalha para tentar levá-lo ao caminho da destruição, tentando-o a seguir a carne, conforme a impureza que está em seu coração.

Além disso, você deve livrar-se dos pensamentos carnais e egoístas, conforme descrito em 2 Coríntios 10:5: *"Destruímos argumentos e toda pretensão que se levanta contra o conhecimento de Deus, e levamos cativo todo pensamento, para torná-lo obediente a Cristo".*

Quando você obedece à palavra de Deus,, dizendo "Sim" e cumpre o desejo do Espírito Santo, seu coração é cheio somente com a verdade e então você se torna um perfeito homem, santificado no espírito.

Você Pode Receber Aquilo Que Pedir

Você se tornará um com o Senhor, quando lançar fora toda impureza, romper com o egoísmo, dando lugar ao Espírito Santo, mantendo o seu coração limpo, assim como o de Cristo.

Um homem e uma mulher se tornam um só e dão à luz a um bebê pela unificação do espermatozóide e óvulo. Da mesma forma, quando você vem a este mundo e se torna um com Jesus Cristo, aceitando a Cristo, você dará à luz ao espírito e, com o Espírito Santo, receberá bênçãos abundantes como filho de Deus.

Conforme escrito em Romanos 12:3, existem medidas da fé e você recebe respostas conforme essas medidas. Em 1 João 2:12 e seguintes, o crescimento da fé é comparado ao processo de crescimento dos seres humanos.

Aqueles que aceitam a Jesus Cristo recebem o Espírito Santo e são salvos. Possuem a fé de uma pequena criança (1 João 2:12). Aqueles que tentam aplicar a verdade em ação de jovens (1 João 2:13). Se crescerem mais, terão a fé de pais (1 João 2:13).

Quando você lê sobre Jó no Antigo Testamento, Deus

reconheceu-o como puro e correto, mas Satanás desafiou e Deus permitiu que ele testasse Jó. No início, Jó insistiu que ele era íntegro. No entanto, logo percebeu sua fraqueza e se arrependeu diante de Deus, quando sua natureza humana foi exposta a teste. O egoísmo de Jó foi rompido e o seu coração se tornou reto e puro aos olhos de Deus. Somente depois Deus pôde abençoá-lo duas vezes mais que antes.

Da mesma forma, se você possui a medida da fé de pai, que é a medida mais alta da fé, rompendo com o seu "eu" e tornando-se um com o Senhor, você receberá bênçãos sem medida como filho de Deus. Isso é o que Deus lhe prometeu em 1 João 3:21-22: *"Amados, se o nosso coração não nos condenar, temos confiança diante de Deus e recebemos dele tudo o que pedimos, porque obedecemos aos seus mandamentos e fazemos o que lhe agrada"*.

Você Receberá Bênçãos Como Filho de Deus

Dessa forma, você se torna um com Jesus Cristo, na medida em que se torna espiritual. Você também recebe as bênçãos ao se tornar um com Deus, cumprindo a retidão de Deus.

Jesus nos prometeu em João 15:7: *"Se vocês permanecerem em mim, e as minhas palavras permanecerem em vocês, pedirão o que quiserem, e lhes será concedido"*. Outra passagem está em João 17:21, na qual Ele nos diz: *"para que todos sejam um, Pai, como tu estás em mim e eu em ti. Que eles também estejam em nós, para que o mundo creia que tu me enviaste"*.

Da mesma forma, se você está se unindo a Deus, não se contaminando com este mundo, você se torna um com o Pai. A respeito disso, lemos em Gálatas 4:4-7:

"Mas, quando chegou a plenitude do tempo, Deus enviou seu Filho, nascido de mulher, nascido debaixo da Lei, a fim de redimir os que estavam sob a Lei, para que recebêssemos a adoção de filhos. E, porque vocês são filhos, Deus enviou o Espírito de seu Filho ao coração de vocês, e ele clama: "Aba, Pai". Assim, você já não é mais escravo, mas filho; e, por ser filho, Deus também o tornou herdeiro".

Da mesma forma pela qual as pessoas herdam possessões de seus familiares, você herda o Reino de Deus, quando se torna filho, aceitando a Jesus Cristo. Os filhos de Satanás herdam o inferno e os filhos de Deus herdam o Reino dos Céus.

No entanto, você deve manter em mente que aqueles que não dão à luz ao espírito pelo Espírito Santo irão para o inferno, porque o céu é um lugar puro cheio somente com a verdade.

Além disso, eu espero que você receba as bênçãos da vida eterna, aceitando a Jesus Cristo como o seu Noivo e torne um só com Ele e o Pai, lançando fora toda impureza e toda soberba. Assim, poderá glorificar a Deus.

Falsas Confissões Não Levam à Salvação

Jesus Cristo se torna seu noivo, que o leva ao caminho da vida eterna e ao caminho da bênção, quando você se une a Ele mediante a fé. Se você se assemelhar ao coração de Jesus Cristo e alcançar a fé perfeita, você não só herda o Reino dos Céus, mas também brilhará lá como o sol.

Ao ler a Bíblia cuidadosamente, você descobre que as pessoas que dizem acreditar em Deus não são salvas. Em Mateus 25, lemos a parábola das Dez Virgens. Cinco virgens sábias que haviam preparado óleo foram salvas, mas as outras cinco não sábias não foram salvas.

Da mesma forma, Deus nos diz claramente na Bíblia quem não poderá ser salvo, mesmo se disserem possuir fé. Você saberá então que tipo de vida deverá ter para ser salvo.

Está dito claramente em Mateus 7:21: *"Nem todo aquele que me diz: 'Senhor, Senhor', entrará no Reino dos céus, mas apenas aquele que faz a vontade de meu Pai que está nos céus"*. Se você chama Jesus: "Senhor, Senhor" significa que você crê que Jesus é o Cristo. No entanto, você não poderá ser salvo somente chamando o nome do Senhor e indo à Igreja aos domingos.

Malfeitores Não Serão Salvos

Deus nos diz sobre o Julgamento em Mateus 13:40-42:

"Assim como o joio é colhido e queimado no fogo,

assim também acontecerá no fim desta era. O Filho do Homem enviará os seus anjos, e eles tirarão do seu Reino tudo o que faz tropeçar e todos os que praticam o mal. Eles os lançarão na fornalha ardente, onde haverá choro e ranger de dentes. Então os justos brilharão como o sol no Reino de seu Pai. Aquele que tem ouvidos, ouça".

Quando um fazendeiro trabalha em sua plantação, ele coloca o trigo no seu celeiro e queima o joio com fogo. Da mesma forma, Deus nos diz que aqueles que não são retos diante d'Ele serão punidos.

"Tudo o que faz tropeçar" se refere àqueles que dizem acreditar em Deus, mas tentam os irmãos e irmãs na fé e fazem com que percam a fé. Ainda, você não será salvo se faz com que o outro caia no pecado e no mal.

O que é mal? 1 João 3:4 nos diz que: *"Todo aquele que pratica o pecado transgride a Lei; de fato, o pecado é a transgressão da Lei".*

Assim como todo país possui seu ordenamento jurídico, existem leis espirituais no Reino. As leis do reino espiritual são a palavra de Deus escrita na Bíblia. Aquele que viola a palavra de Deus, viola da mesma forma, quando alguém o faz em nosso país. Quem viola a lei deve ser processado, conforme a lei.

A Lei de Deus pode ser amplamente dividida em quatro categorias: "poder", "não poder", "guardar" e "lançar fora". Já que Deus é luz, Ele mostra a Seus filhos o que fazer, o que não fazer, guardar os deveres como filhos e lançar fora o que contraria, porque Ele quer que seus filhos vivam na luz.

Em Deuteronômio 10:12-13, Deus nos ordena: *"E agora, ó Israel, que é que o Senhor, o seu Deus, lhe pede, senão que tema o Senhor, seu Deus, que ande em todos os seus caminhos, que ame e que sirva ao Senhor, o seu Deus, de todo o seu coração e de toda a sua alma, e que obedeça aos mandamentos e aos decretos do Senhor, que hoje lhe dou para o seu próprio bem?"*. Você somente receberá as bênçãos se colocar a palavra de Deus em ação. Por outro lado, você receberá a eterna condenação por causa do mal e do pecado, se não viver conforme sua palavra.

Gálatas 5:19-21 nos lembra das obras da carne:

"Ora, as obras da carne são manifestas: imoralidade sexual, impureza e libertinagem; idolatria e feitiçaria; ódio, discórdia, ciúmes, ira, egoísmo, dissensões, facções e inveja; embriaguez, orgias e coisas semelhantes. Eu os advirto, como antes já os adverti: Aqueles que praticam essas coisas não herdarão o Reino de Deus".

"Imoralidade" significa todo tipo de impureza sexual ou não permanência em castidade, incluindo ter relações sexuais antes do casamento. "Impureza" aqui remete ações erradas que sejam o resultado de uma natureza pecaminosa.

"Libertinagem" é quando você constantemente segue sua imoralidade sexual e vive através de atos e palavras adúlteros.

"Idolatria" é adorar objetos que são feitos de ouro, prata, bronze ou qualquer outra substância, ou mesmo quando você ama mais alguma coisa ou pessoa do que ama a Deus.

"Feitiçaria" significa atrair alguém com mentiras e astúcias. "Ódio" é querer a ruína de alguém, ou seja, o contrário do amor. "Discórdia" é buscar vantagens em tudo, desejando o benefício próprio e o poder. "Ciúme" é odiar outra pessoa porque acha que ele é melhor do que você. "Ira" não significa ficar nervoso, mas causar danos aos outros em agressividade descontrolada.

"Egoísmo" significa formar um grupo separado e seguir os trabalhos de Satanás porque você não concorda com os outros. "Dissensões" é a formação de um grupo e se separar para seguir os próprios pensamentos, não os pensamentos do Espírito Santo. "Facções" se refere a negar Deus e à Santa Trindade e Jesus que veio em carne, derramou seu sangue para redimir a humanidade e se tornou o Cristo.

"Inveja" é quando você machuca ou comete ações danosas contra alguém, devido ao ciúme.

"Embriaguez" é o ato de beber álcool, e "orgias" significa não apenas ficar embriagado, viver sem se preocupar com os outros, sem controle, mas também não cumprir com suas obrigações e votos como marido/esposa ou como um pai/mãe.

Ademais, "coisas semelhantes" significa que existem muitos outros atos pecaminosos similares a esses, e os que o praticam não serão salvos.

Pecados Que Levam à Morte e Pecados Que Não Levam à Morte

Neste mundo, o "pecado" é apenas considerado pecado, quando o seu resultado é visível e o dano físico ao outro é percebido facilmente. Contudo, Deus, que é luz, nos diz que não apenas os atos pecaminosos são pecado, mas também toda a escuridão que é contra a luz.

Mesmo que os pecados não sejam mostrados ou testemunhados, todos os desejos e atitudes pecaminosas em seu coração tais como ódio, inveja, ciúme, luxúria, julgar e condenar os outros e suas atitudes, agir sem coração ou desonestamente, também são malévolas e pecaminosas.

Por isso Deus nos diz: "Mas eu lhes digo: *"Qualquer que olhar para uma mulher para desejá-la, já cometeu adultério com ela no seu coração"* (Mateus 5:28), e *"Quem odeia seu irmão é assassino, e vocês sabem que nenhum assassino tem a vida eterna em si mesmo"* (1 João 3:15). Além disso, em Romanos 14:23 está escrito: *"Mas aquele que tem dúvida é condenado se comer, porque não come com fé; e tudo o que não provém da fé é pecado,"* e Tiago 4:17 mostra: *"Pensem nisto, pois: Quem sabe que deve fazer o bem e não o faz, comete pecado."* Portanto, você deve perceber que é pecado não fazer o que Deus quer e manda.

Contudo, todas as pessoas morrerão se cometerem estes pecados? Você deve entender o que é viver em fé, se alguém, que iria mentir, ora e tenta ser um homem melhor. Mesmo se ainda não lançaram fora toda desonestidade de seu coração por causa de sua pequena e fraca fé, não é verdade que não serão salvos devido a esse pecado.

1 João 5:16-17 nos diz: *"Se alguém vir seu irmão cometer pecado que não leva à morte, ore, e Deus dará vida ao que pecou. Refiro-me àqueles cujo pecado não leva à morte. Há pecado que leva à morte; não estou dizendo que se deva orar por este. Toda injustiça é pecado, mas há pecado que não leva à morte"*.

Pecados são geralmente divididos em duas categorias: aqueles que levam à morte e aqueles que não levam à morte. Aqueles que cometem pecados que não levam à morte podem ser salvos se você os encorajar, orar por eles, e ajudá-los a e arrepender-se dos pecados. Se alguém cometer pecado que leva à morte, ele não poderá ser salvo, mesmo se orar por ele.

As pessoas, muitas vezes, mentem para seu próprio benefício, ou fazem obras enganosas, mesmo se as obras em si não prejudicam outra pessoa. Você deve admitir que éramos pecadores e quando conhecemos a verdade, mesmo achando que vivia uma vida correta antes de conhecer a Deus, Ele nos mostra não somente os pecados que podem ser vistos, mas também aqueles no coração, enfim, todo tipo de pecado.

Todo crime, delito, é pecado e o salário do pecado é a morte. No entanto, Jesus Cristo perdoou todos os nossos pecados do passado, presente e futuro através do seu derramamento de sangue na cruz. Há pecados que podem ser perdoados pelo poder do Sangue de Jesus, quando você se arrepende e se afasta deles. Estes são os pecados que não levam à morte.

Se você não se arrepende dos pecados e continua a pecar, sua consciência se tornará endurecida. Depois, eventualmente, você não receberá o espírito de arrependimento, se cometer um pecado que leva à morte. E mais, Seus pecados poderão não ser perdoados, se você tentar se arrepender.

Agora, veremos os três tipos de pecado que nos levam à morte: blasfêmia contra o Espírito, sujeitar o Filho de Deus à desonra pública repetidamente e continuar a pecar deliberadamente.

A Blasfêmia Contra o Espírito Santo

Existem três coisas que fazem com que as pessoas possam blasfemar contra o Espírito Santo. Você comete blasfêmia contra o Espírito quando fala contra o Espírito Santo, quando se opõe às obras do Espírito Santo e quando desacredita no Espírito Santo.

"Por esse motivo eu lhes digo: Todo pecado e blasfêmia serão perdoados aos homens, mas a blasfêmia contra o Espírito não será perdoada. Todo aquele que disser uma palavra contra o Filho do homem será perdoado, mas quem falar contra o Espírito Santo não será perdoado, nem nesta era nem na que há de vir" (Mateus 12:31-32).

"Todo aquele que disser uma palavra contra o Filho do Homem será perdoado, mas quem blasfemar contra o Espírito Santo não será perdoado" (Lucas 12:10).

Primeiro, "falar contra os outros" é difamar e dissuadir suas obras. *"Falar contra o Espírito Santo"* é tentar retardar a consumação do Reino de Deus através da interrupção das obras do Espírito Santo, baseado na sua própria vontade e pensamentos. Por exemplo, falar contra o Espírito Santo, quando você se opõe ao trabalho de Deus, porque não coincide com seus pensamentos, mesmo sendo verdadeiramente obras do Espírito Santo.

Se você condenar um servo de Deus como herético, quando de fato não é, e interromper o trabalho do Espírito Santo, é um pecado terrível diante de Deus, que não pode ser perdoado. Além disso, você deve ser capaz de distinguir espíritos de acordo com a verdade.

É claro que você deve ser firme em advertir pessoas e não deve permitir seu comportamento se elas tentam receber espíritos maus ou são hereges na visão de Deus. Em Tito 3:10 lemos: *"Quanto àquele que provoca divisões, advirta-o uma primeira e uma segunda vez. Depois disso, rejeite-o".*

Hoje, muitas pessoas condenam algumas igrejas, chamando-as de hereges ou até as perseguem de várias formas, que admitem Deus e a Trindade, e que praticam as obras do Espírito Santo, falando que não são capazes de distinguir entre espíritos. Apesar de dizerem que acreditam em Deus, não possuem conhecimentos bíblicos suficientes sobre heresia. Às vezes, eles nem sabem a definição de heresia.

No caso de perseguição aos outros devido à falta de conhecimento apropriado, se as pessoas se arrependerem e voltarem, elas podem ser perdoadas. No entanto, se perturbarem as obras de Deus com um intento mau e até com ciúmes, mesmo sabendo que se trata de obra do Espírito Santo, eles podem nunca ser perdoados.

Você pode encontrar um exemplo bem claro na Bíblia. Em Marcos 3, quando Jesus fazia milagrosos sinais e maravilhas, aqueles que tinham ciúmes de Jesus espalharam um rumor de que ele estava louco. O rumor se espalhou tão rapidamente que Sua família veio retirá-lo do público.

Os doutores da lei e os fariseus criticavam Jesus dizendo: *"E os mestres da lei que haviam descido de Jerusalém diziam: "Ele está com Belzebu! Pelo príncipe dos demônios é que ele expulsa demônios"* (Marcos 3:22). Eles tinham inteiro conhecimento da palavra de Deus. Eles conheciam a lei muito bem e ensinavam às pessoas, ainda assim, se opuseram aos trabalhos de Deus devido à inveja e ao ciúme que tinham de Jesus.

Segundo, "Oposição às Obras do Espírito Santo" é desafiar a voz do Espírito Santo que Deus deu, ou julgar e condenar as obras do Espírito Santo e tentar prejudicar outras pessoas.

Por um instante, é falar contra o Espírito Santo, espalhar rumores ou fabricar documentos, ou até condenar o pastor ou a igreja como "heréticos", para perturbar as reuniões de avivamento.

O que significa "Todo aquele que disser uma palavra contra o Filho do Homem será perdoado"? O Filho do Homem neste versículo se refere a Jesus, que veio como ser humano antes de ser crucificado na cruz.

Falar contra o Filho do Homem significa desobedecer a Jesus, conhecendo e reconhecendo simplesmente que Ele veio em carne. Não reconhecer Jesus como Salvador resulta da falta de conhecimento. Neste caso, você será perdoado e pode ser salvo somente se arrepender-se verdadeiramente e aceitar o Senhor.

Além disso, se você cometer este tipo de pecado sem o conhecimento da verdade ou até mesmo antes de receber o Espírito Santo, Deus lhe dá uma chance de se arrepender e de ser perdoado.

No entanto, se você desobedecer e se opuserr ao Senhor, conhecendo exatamente quem é Jesus Cristo, não será perdoado por isso, porque é o mesmo que falar contra o Espírito Santo e se opor às suas obras.

Terceiro, blasfêmia também significa desacreditar em coisas que são divinas, santas e puras. Blasfemar contra o Espírito Santo significa Desacreditar n'Ele, desacreditar no Espírito de Deus e na divindade de Deus. É pecado desacreditar no poder eterno de Deus e na Sua divindade. Se caluniar as obras do Espírito Santo, dizendo que são de Satanás, ou até dizer que algo é do Espírito Santo, quando na verdade não é, também é blasfêmia. Além disso, pregar a verdade como se não fosse, falar que algo é verdade quando não é, e condenar algo que é verdadeiro como se fosse falácia são todas blasfêmias contra o Espírito Santo.

Nos tempos antigos, se alguém fosse pego por suas palavras ou ações blasfemando contra o Rei, era considerado traidor e levado à morte.

Se você blasfemar contra a santa divindade de Deus, que é onipotente e não pode ser comparado com qualquer tipo de rei deste mundo, você nunca poderá ser perdoado.

Até mesmo Jesus, que era a mesma natureza de Deus e que veio a este mundo em carne, não condenou ninguém. Se você ainda condena irmãos e irmãs, e desacredita nas obras do Espírito Santo, que pecado terrível seria! Se você respeita e teme a Deus, você nunca irá se opor, falar contra, ou desacreditar no Espírito Santo.

Além disso, você deve ter em mente que esses pecados podem nunca ser perdoados e que você não deve jamais cometê-los. Mesmo sabendo que talvez tenha cometido esses pecados anteriormente, você deve buscar a graça de Deus e se arrepender de todo coração.

Humilhando e Envergonhando o Filho de Deus

Está escrito em Hebreus 6:

"Ora, para aqueles que uma vez foram iluminados, provaram o dom celestial, tornaram-se participantes do Espírito Santo, experimentaram a bondade da palavra de Deus e os poderes da era que há de vir, e caíram, é impossível que sejam reconduzidos ao arrependimento; pois para si mesmos e estão crucificando de novo o Filho de Deus, sujeitando-o à desonra pública" *(Hebreus 6:4-6).*

Algumas pessoas deixam a igreja e Deus, por causa das tentações deste mundo e desacreditam n'Ele, mesmo sabendo que tinham recebido o Espírito Santo, que existe céu e existe inferno, e acreditam na palavra da verdade. Dizemos então que elas cometeram o pecado da crucificação do Filho de Deus novamente e o sujeitaram à desonra pública. Essas pessoas não cometem somente pecados controlados por Satanás, mas também negam a Deus, humilham-nO e perseguem a igreja e os crentes.

Eles convertem sua consciência para Satanás, e seus corações estão cheios de trevas.

Além disso, eles não se arrependem e nem querem o espírito de arrependimento sobre eles. Se não se arrependerem, talvez nunca mais sejam perdoados.

Judas Iscariotes cometeu esse pecado. Ele era um dos doze discípulos. Ele testemunhou vários sinais e maravilhas, mas se tornou ganancioso e vendeu Jesus por trinta moedas de prata. Depois, sua consciência o incomodou e ele ficou cheio de arrependimento, mas o espírito do arrependimento não veio sobre Judas. Seu pecado não pôde ser perdoado, então ele cometeu suicídio, pois foi tremendamente atordoado por sua culpa (Mateus 27:3-5).

Continuar Pecando Deliberadamente

O último pecado que leva à morte é continuar pecando depois de conhecer a verdade.

"Se continuarmos a pecar deliberadamente depois que recebemos o conhecimento da verdade, já não resta sacrifício pelos pecados, mas tão-somente uma terrível expectativa de juízo e de fogo intenso que consumirá os inimigos de Deus" (Hebreus 10:26-27).

Continuar a pecar deliberadamente depois de conhecer a verdade significa repetir coisas que Deus não perdoa. Significa continuar pecando, sabendo que é pecado *"Confirma-se neles que é verdadeiro o provérbio: 'O cão volta ao seu vômito' e ainda: 'A porca lavada volta a revolver-se na lama'"* (2 Pedro 2:22).

Por um lado, quando Davi, que amava muito a Deus, cometeu adultério, cometeu vários pecados e se deixou matar um dos seus mais leais soldados. No entanto, quando Natan, o profeta, apontou seus pecados, o Rei David se arrependeu imediatamente.

Por outro lado, o Rei Saul continuou pecando mesmo depois que Samuel, o profeta, apontou os seus pecados. David se arrependeu e recebeu as bênçãos de Deus, enquanto Samuel foi desamparado porque não se arrependeu dos pecados.

E mais, Balaão era um profeta que tinha a autoridade da bênção e maldição, mas quando ele se comprometeu com o mundo para obter fama e riqueza, ele teve um triste fim.

Por um lado, o Espírito Santo no coração daqueles que pecam deliberadamente desfalece, porque Deus lhes dá as costas. Neste caso, perdem sua fé e praticam o mal, controlados pelo diabo. Finalmente, o Espírito Santo neles desaparecerá completamente e eles não poderão ser salvos, porque não podem se arrepender e seus nomes serão apagados do Livro da Vida (Apocalipse 3:5).

Por outro lado, existem pessoas que continuam pecando porque conheciam a Deus somente pelo conhecimento, mas não com o coração. Seus pecados podem ser perdoados e eles podem trilhar o caminho da salvação, quando verdadeiramente se arrependerem dos seus pecados e firmarem na fé.

Além disso, você deveria saber que não será salvo quando cometer pecados deliberadamente, carregando os atos de uma natureza pecaminosa, mesmo se foi uma vez esclarecido de que há céu e inferno, e até experimentou a abundância da graça de Deus.

Eu espero que você entenda completamente que todos os pecados são ilegais e tenebrosos e Deus os odeia, mesmo que algum deles não leve à morte. Seja sábio e não permita o pecado na sua vida.

A Carne e o Sangue do Filho do Homem

Para manter uma vida saudável, você deve consumir uma comida apropriada e balanceada. Da mesma forma, para manter seu espírito saudável e obter a vida eterna, você deve comer da carne e beber do sangue de Jesus.

Agora, você aprenderá o que a carne e o sangue de Jesus são, e por que você deve alimentar-se disso para obter a vida eterna, baseado no texto em João 6:53-55:

"Jesus lhes disse: 'Eu lhes digo a verdade: Se vocês não comerem a carne do Filho do Homem e não beberem o Seu Sangue, não terão vida em si mesmos. Todo aquele que come a minha carne e bebe o meu sangue tem a vida eterna, e eu o ressuscitarei no último dia. Pois a minha carne é verdadeira comida e o meu sangue é verdadeira bebida'".

O Que é a Carne do Filho do Homem?

Jesus nos diz na Bíblia os segredos dos céus e a vontade de Deus através de muitas parábolas. Para as pessoas que vivem neste mundo tridimensional, é muito difícil para elas entenderem e perceberem a vontade de Deus, que habita na quarta dimensão. Jesus comparou coisas celestiais a coisas não vivas, plantas, animais e vidas neste mundo, para nos ajudar a entender melhor a vontade de Deus.

Por esse motivo, Jesus, o único Filho de Deus, é comparado a uma rocha e uma estrela, que não possuem dimensão, ao vinho que é dimensional, ao cordeiro que é bidimensional, e ao Filho do Homem, que é tridimensional.

João 1:1 nos diz: *"No princípio era aquele que é a Palavra. Ele estava com Deus, e era Deus".* Em João 1:14 observamos que *"Aquele que é a Palavra tornou-se carne e viveu entre nós. Vimos a sua glória, glória como do Unigênito vindo do Pai, cheio de graça e de verdade".*

Jesus é aquele que veio a este mundo em carne como a palavra de Deus. Por essa razão, a carne do Filho do Homem é a Palavra de Deus, que é a verdade em si, e comer a carne do Filho do Homem é aprender a palavra de Deus na Bíblia.

Como Comer da Carne do Filho do Homem

Em Êxodo 12:5-7 e versículos seguintes, Jesus é retratado como o "cordeiro":

> *"O animal escolhido será macho de um ano, sem defeito, e pode ser cordeiro ou cabrito. Guardem-no até o décimo quarto dia, quando toda a comunidade de Israel irá sacrificá-lo, ao pôr-do-sol. Passem, então, um pouco do sangue nas laterais e nas vigas superiores das portas das casas nas quais vocês comerão o animal".*

Genericamente, muitos crentes acreditam que o cordeiro se refere a novos crentes, mas ao estudar a Bíblia cuidadosamente, verifica-se que o Cordeiro é a tipologia de Jesus.

João Batista, vendo que Jesus caminhava para sua direção, disse em João 1:29: *"No dia seguinte João viu Jesus aproximando-se e disse: 'Vejam! É o Cordeiro de Deus, que tira o pecado do mundo!'"* E Pedro, o Apóstolo, se referiu a Jesus como um cordeiro em 1 Pedro 1:18-19: *"Pois vocês sabem que não foi por meio de coisas perecíveis como prata ou ouro que vocês foram redimidos da sua maneira vazia de viver, transmitida por seus antepassados, mas pelo precioso sangue de Cristo, como de um cordeiro sem mancha e sem defeito".* Além dessas, muitas outras expressões comparam Jesus a um cordeiro.

Por que a Bíblia compara Jesus a um cordeiro? Um cordeiro é o mais meigo e mais obediente dos animais domésticos. Ele reconhece a voz do pastor e lhe obedece. Não é possível enganar o cordeiro, mesmo se alguém tentar imitar a voz do pastor. Ele fornece sua pele, o leite, carne e todas as partes de seu corpo para as pessoas.

Assim como o cordeiro era sacrificado pelos pecados da humanidade, Jesus obedeceu à vontade perfeita e agradável de Deus e sacrificou tudo por nós.

Jesus veio a este mundo em carne. Sendo Deus, pregou o evangelho dos céus, curou inúmeras doenças e enfermidades e foi crucificado. Jesus desistiu de tudo para nos redimir dos nossos pecados.

Jesus é comparado a um cordeiro devido às Suas características e ações, que se comparam a de um doce cordeiro, e, comer o cordeiro, simboliza comer a carne de Jesus, a carne do Filho do Homem.

Agora, no entanto, você deve comer a carne do Filho do Homem? Vamos dar uma olhada em Êxodo 12:9-10 que nos dá a seguinte instrução:

> *"Não coma a carne crua, nem cozida em água, mas assada no fogo: cabeça, pernas e vísceras. Não deixe sobrar nada até pela manhã; caso isso aconteça, queimem o que restar"*

Primeiro, Você Não Deve Comer a Palavra de Deus Crua

O que significa comer a carne do Filho do Homem crua?

Genericamente, não é bom comer carne crua. Se você comer carne crua, você pode contrair algum vírus ou bactéria e até ficar doente. Da mesma forma, Deus nos diz para não comer Sua palavra crua, porque pode ser prejudicial.

A palavra de Deus é escrita através da inspiração do Espírito Santo, por isso você deve ler e fazer dela sua inspiração.

Se você interpretar a palavra de Deus literalmente, você provavelmente não compreenderá a intenção de Deus. Além disso, alimentando-se da palavra de Deus crua significa alimentar-se da Palavra de Deus literalmente.

Em João 1:1 lemos: *"No princípio era aquele que é a Palavra"* a Bíblia contém a palavra e a vontade de Deus e todas as coisas estão realizadas de acordo com a sua palavra.

A Palavra de Deus nos diz como conseguimos ir aos Céus. Você deve entendê-La completamente para obter a vida eterna. Inversamente, um homem de carne não pode ver ou compreender o mundo espiritual.

É como uma cigarra sem saber o que há céu, quando é uma larva no chão. É como uma galinha sem saber do mundo externo, quando está dentro do ovo. É como um bebê sem saber nada do mundo exterior, quando ainda está no útero da mãe.

Da mesma forma, enquanto estiver no mundo carnal, você não saberá nada do mundo espiritual.

Deus está nos dizendo que existe outro mundo além do

tridimensional. Assim como o pintinho tem que quebrar a casca do ovo, você tem que quebrar sua própria carne para compreender o mundo espiritual.

Por exemplo, em Mateus 6:6 lemos: *"Mas quando você orar, vá para seu quarto, feche a porta e ore a seu Pai, que está em secreto. Então seu Pai, que vê em secreto, o recompensará".* Se você interpretar esse versículo literalmente, você irá sempre orar em seu quarto. No entanto, você não encontrará nenhum dos nossos antepassados orando em seu quarto escondido.

Jesus não orou no seu quarto, mas sim na montanha onde passou a noite (Lucas 6:12), e em um local solitário, cedo, pela manhã (Marcos 1:35).

E mais, Daniel orou três vezes ao dia, com as janelas abertas em direção a Jerusalém (Daniel 6:10) e o apóstolo Pedro orou em um telhado (Atos 10:9).

Então, por que Jesus disse: "Mas quando você orar, vá para seu quarto, feche a porta e ore a seu Pai, que está em secreto. Então seu Pai, que vê em secreto, o recompensará"?

Aqui, "quarto" espiritualmente simboliza o coração de uma pessoa. Então ir para o seu quarto significa ignorar seus pensamentos e penetrar no profundo do coração. Apenas assim, você orará de todo coração.

Quando você vai para o "quarto", você se isola do lado de fora. Da mesma forma, quando você ora, você bloqueia todos os pensamentos desnecessários, preocupações e ora com toda o coração.

Além disso, você não deve comer da carne do Filho do Homem crua. Você não deve interpretar a Palavra de Deus literalmente. Você deve interpretar a palavra de Deus espiritualmente, através da inpiração do Espírito Santo.

Segundo, Não Comer da Palavra de Deus Cozida em Água

O que significa "não comer a palavra cozida em água"? Significa que não devemos aderir nada à Palavra de Deus, mas comê-la pura.

Não é correto pregar a Palavra de Deus e combiná-la com política, estórias, ou estórias individuais.

Deus, que criou os Céus e a Terra, que controla a vida e a morte da humanidade, a bênção e a cura, é Todo Poderoso e Nele não falta nada.

Em 1 Coríntios 1:25 lemos: *"Porque a loucura de Deus é mais sábia que a sabedoria humana, e a fraqueza de Deus é mais forte que a força do homem"*. Essa passagem nos mostra que até mesmo o mais sábio não pode ser comparado a Deus.

Você não consegue pregar tudo que há na Bíblia em toda sua vida. Então, por que misturar a palavra de Deus com a palavra dos homens para entregar sua mensagem?

As palavras das pessoas mudam com o passar do tempo. Mesmo se há alguma verdade nelas, elas já foram ditas na Bíblia, e foram ditas pela sabedoria de Deus.

Além disso, sua prioridade deveria ser a Palavra Pura de Deus ao pregar a Bíblia. Claro que você pode dar exemplos ou ilustrações, para que as pessoas possam entender a Palavra de Deus e os segredos do mundo espiritual facilmente.

Você deve compreender que somente a Palavra de Deus dura para sempre e é perfeita e completa para guiá-lo à vida eterna. Por isso, você não deve comer de Sua palavra cozida em água.

Terceiro, Você Deve Comer a Palavra de Deus Cozida no Fogo

O que significa "mas assada no fogo: cabeça, pernas e vísceras"? Significa que você deve fazer da Palavra de Deus, a carne do Filho do Homem, seu alimento espiritual sem deixar nada para fora.

Por exemplo, algumas pessoas duvidam do fato de que Moisés abriu o Mar Vermelho. Algumas pessoas nem lêem o livro de Levítico porque os sacrifícios do Antigo Testamento são de difícil entendimento. Outras pessoas dizem que os milagres de Jesus são difíceis de acreditar. Eles deixam de lado alguns acontecimentos porque não batem com a razão humana e tentam retirar somente lições morais.

Eles não guardam palavras como "Ame o seu inimigo", ou "Evite todo tipo de mal" porque parece muito difícil para obedecer. Seria possível essas pessoas serem salvas?

Além disso, você não deve retirar da Bíblia somente aquilo que lhe interessa, como os tolos. Você deve alimentar-se de todas as palavras da Bíblia e cozinhá-las, de Gênesis a Apocalipse.

O que então significa comer a palavra de Deus assada com fogo? O Fogo aqui significa o Espírito Santo. Você deve solicitar inspiração do Espírito Santo, quando ler e escutar a Palavra de Deus, que é doce como o mel. Dessa forma, não ficará entediado, mesmo quando o sermão é muito longo.

Essa é a Palavra de Deus assada com fogo. Somente assim você compreenderá a Palavra de Deus, fará com que ela seja sua carne espiritual e sangue e compreenderá e seguirá a vontade de Deus. É assim que você dá à luz ao espírito pelo Espírito Santo, cresce em fé e recupera a imagem perdida de Deus, buscando a função do homem.

No entanto, aqueles que comem a Palavra de Deus com seus próprios pensamentos, sem cozinhá-la com o fogo de Deus, não obterão a verdade e a vida verdadeira.

Quarta, Você Não Deve Deixar a Palavra de Deus Até o Amanhecer

O que significa "Não deixe nada até amanhecer; se algo sobrar até o amanhecer, você deverá queimar"?

Significa que você deve comer a carne do Filho do Homem, a Palavra de Deus durante a noite. A palavra na qual vivemos agora é de um mundo tenebroso, controlada pelo Diabo e pode ser expressa como noite. Quando o Senhor vier novamente, toda escuridão desaparecerá e tudo será recuperado; a manhã voltará e teremos um mundo de luz.

Além disso, "não deixar nada até o amanhecer" significa que você deve aprender a Palavra de Deus, para se preparar como uma Noiva, até que nosso Senhor volte.

E mais, mesmo se estiver perto ou não da vinda do Senhor, você somente viverá por 70 ou 80 anos, e não saberá quando irá encontrar o Senhor. Até que encontre, você deve crescer espiritualmente e aprender a Palavra.

Se obtiver a fé de um pai, constantemente crescendo seu espírito, você receberá a glória como um sol reluzente, perto do trono de Deus em seu Reino, porque conhecerá a Deus, que criou o homem e cultivará os nove frutos do Espírito, as Bem-Aventuranças e se assemelhará à imagem de Deus.

Bebendo o Sangue do Filho do Homem

Para manutenção da vida, você deve alimentar-se e beber água. Se você não consumir água, não fará corretamente a digestão e morrerá. Quando a comida chega no seu estômago, misturada com água, ela é digerida, os nutrientes são absorvidos e a sobra é excretada.

Da mesma forma, quando você comer a carne do Filho do Homem, se não beber do Seu sangue, não conseguirá digeri-la. Além disso, você obterá vida eterna somente quando comer a carne Filho do Homem e beber de Seu sangue.

"Beber o sangue do Filho do Homem" é colocar a palavra de Deus em ação, com fé. Depois de escutar a palavra de Deus, é muito importante agir de acordo com ela, isso é fé. Se você não agir conforme a palavra de Deus, depois de escutar e conhecer, é inútil escutá-la.

A forma pela qual os nutrientes são absorvidos e a sobra é excretada quando você digere alimentos, a Palavra de Deus, a verdade, é absorvida e a impureza é excretada, quando agir conforme a Palavra de Deus e purificar seu coração.

O que significa absorver a verdade e excretar a impureza?

Digamos que tenha escutado a Palavra de Deus: "Não odeie, mas ame ao próximo". Se fizer isso do seu alimento e agir conforme o nutriente chamado amor, é absorvido, e o excremento chamado ódio é liberado. Seu coração automaticamente se tornará puro e mais verdadeiro.

Agir Conforme a Palavra de Deus Depois de Ter Aprendido

No entanto, se você não agir conforme a Palavra de Deus, você não está bebendo o sangue do Filho do Homem. Além disso, a Palavra de Deus é apenas um pedaço do conhecimento na mente e você não será salvo, se não agir de acordo.

Beber do sangue do Filho do Homem, agindo de acordo com a Palavra de Deus, não pode ser feito somente com o esforço humano. Você deve ter a vontade e o esforço de agir de acordo com a Palavra de Deus e depois receberá a Graça, o poder, e terá o Espírito Santo como consolador, ao orar fervorosamente.

Se você pudesse se livrar de seus pecados com seus próprios esforços, Jesus não teria sido crucificado e Deus não nos enviaria o Espírito Santo.

Jesus Cristo foi crucificado para nos perdoar dos nossos pecados, porque não podemos fazer isso sozinhos, e Deus enviou o Espírito Santo para nos ajudar a limpar o coração.

O Espírito Santo, o Espírito de Deus, ajuda Seus filhos a viver conforme a verdade e a retidão. Além disso, com a ajuda do Espírito Santo, os filhos de Deus viverão de acordo com a Sua Palavra, deixando de lado seus pecados e recebendo o amor de

Deus e a Sua misericórdia.

Perdão Somente Andando na Luz

Para dizer que você está comendo da carne e bebendo do sangue do Filho do Homem, significa que você está agindo de acordo com a Palavra de Deus. Depois, a que ações isso se refere? Você deve estar na Luz. Você abandona a escuridão quando age na luz; o sangue de Jesus o limpa de todos os pecados do passado, presente e futuro.

Mesmo se tiver alguns pecados que ainda não foram removidos, quando se arrepender de todo coração diante de Deus, seus pecados serão perdoados pela graça de Deus. Aqueles que crêem em Deus e tentam cumprir a retidão em seus corações não são mais pecadores, mas homens justos e podem ser salvos e obter a vida eterna.

Deus é Luz

Em 1 João 1:5 lemos: *"Esta é a mensagem que dele ouvimos e transmitimos a vocês: Deus é luz; nele não há treva alguma"*.

Está escrito em João 1:4-5: *"Nele estava a vida, e esta era a luz dos homens. A luz brilha nas trevas, e as trevas não a derrotaram"*.

Além disso, os discípulos de Jesus testemunharam o fato de que "Deus é Luz" através de Jesus, e a mensagem que eles declararam a você é que "Deus é Luz".

Luz, Espiritualmente Significa Verdade

O que é "luz"? Espiritualmente, luz significa verdade e a verdade é o oposto das trevas.

Deus nos diz em Efésios 5:8: *"Porque outrora vocês eram trevas, mas agora são luz no Senhor. Vivam como filhos da luz"*. Aqueles que escutam a mensagem "Deus é Luz" e aprendem sobre a verdade de Deus, podem brilhar e iluminar este mundo, da mesma forma que a luz faz com que a escuridão desapareça.

Os filhos da luz que agem conforme a verdade, conduzem a luz. Esse é o motivo pelo qual está escrito em Efésios 5:9: *"pois o fruto da luz consiste em toda bondade, justiça e verdade"*. O amor espiritual descrito em 1 Coríntios 13 e os frutos do Espírito Santo como o amor, paz, paciência, bondade, amabilidade, fé, gentileza e controle são frutos da luz.

Além disso, a luz se refere a todas as palavras da verdade, justiça e amor como "amar uns aos outros, orar, guardar o dia do Senhor, guardar os Dez Mandamentos" que estão descritos na Bíblia.

Trevas Espiritualmente Significa Pecado

Trevas se refere ao estado no qual não há luz e, espiritualmente, quer dizer pecado.

Todas as coisas impuras são opostas à verdade, como escrito

em Romanos 1:28-31: *"Além do mais, visto que desprezaram o conhecimento de Deus, Ele os entregou a uma disposição mental reprovável, para praticarem o que não deviam. Tornaram-se cheios de toda sorte de injustiça, maldade, ganância e depravação. Estão cheios de inveja, homicídio, rivalidades, engano e malícia. São bisbilhoteiros, caluniadores, inimigos de Deus, insolentes, arrogantes e presunçosos; inventam maneiras de praticar o mal; desobedecem a seus pais; são insensatos, desleais, sem amor pela família, implacáveis"*. Tudo isso resume as trevas.

A Bíblia nos mostra como nos livrar dessas coisas.

Por um lado, algumas pessoas se dizem filhos de Deus, mesmo sabendo que não obedecem ao que Deus manda ou não guardam seus mandamentos. Essas trevas são controladas pelo inimigo, Satanás, e pertencem ao seu mundo, então nunca andarão juntos na luz. Esse é motivo pelo qual aqueles que andam nas trevas odeiam aqueles que estão na luz.

Por outro lado, os verdadeiros filhos de Deus, que estão na luz e onde não há trevas, devem evitar todo tipo de mal e agir na luz. Somente assim, você se comunicará com Deus e tudo irá muito bem em sua vida.

Evidências de Relacionamentos com Deus

Usualmente, há um relacionamento muito forte baseado no amor entre os pais e seus filhos. Da mesma forma, é óbvio para você – que acredita em Jesus Cristo – ter um relacionamento com Deus, que é o Pai do seu espírito (1 João 1:3).

Relacionamento aqui significa não somente conhecer o outro, mas que cada um conheça o outro. Você não pode dizer que possui um relacionamento com o Presidente, mesmo sabendo que possui uma noção boa sobre ele. Ocorre o mesmo no relacionamento com Deus. Para obter verdadeiro relacionamento com Deus, você deve conhece-Lo, assim como ele o conhece.

Em 1 João 1:6-7 lemos: *"Se afirmarmos que temos comunhão com Ele, mas andamos nas trevas, mentimos e não praticamos a verdade. Se, porém, andarmos na luz, como Ele está na luz, temos comunhão uns com os outros, e o sangue de Jesus, seu Filho, nos purifica de todo pecado".*

Isso significa que você possui um relacionamento com Deus somente quando larga os pecados e vive na luz. Se você possui um relacionamento com Deus e ainda está nas trevas, é mentira.

Ter um relacionamento com Deus significa ter uma vida espiritual e ter um verdadeiro relacionamento. Isso porque, para ter um relacionamento com Ele, deverá andar e permanecer na Luz, porque Ele é Luz. O Espírito Santo, coração de Deus, lhe ensina a vontade de Deus claramente, para que dessa forma estabeleça uma comunicação profunda com Deus quando ler a Palavra e orar.

Se Andar nas Trevas

Estará contando mentira se disser que possui um relacionamento com Deus, mas caminhar na escuridão, cometendo pecados. Isso o guiará ao caminho da morte.

Em 1 Samuel 2, os filhos de Eli, o sacerdote, trilharam maus caminhos e cometeram pecados. Ele teria punido seus filhos, mas Eli somente os advertiu: *"Por que vocês fazem estes tipos de coisa? Vocês não deviam fazer isso"*.

No fim, a raiva de Deus caiu sobre eles. Os dois filhos de Eli morreram em uma batalha e Eli caiu para trás da cadeira; quebrou o pescoço e morreu. A ira de Deus caiu sobre os seus descendentes também (1 Samuel 2:27-36, 4:11-22).

Além disso, está escrito em Efésios 5:11-13: *"Não participem das obras infrutíferas das trevas; antes, exponham-nas à luz. Porque aquilo que eles fazem em oculto, até mencionar é vergonhoso. Mas, tudo o que é exposto pela luz torna-se visível, pois a luz torna visíveis todas as coisas"*.

Se há alguém que diz ter relacionamento com Deus e não caminha na luz, você deve adverti-lo com amor. Se ainda assim a pessoa continuar, você deve repreendê-la e guiá-la na luz, para que não siga o caminho da morte.

Perdão Através da luz

Há uma lei neste mundo, e quando alguém a viola, é punido conforme a medida de sua ação. No entanto, ele não ajudará sentindo culpa em sua consciência porque o dano já foi feito.

Da mesma forma, você possui a natureza pecaminosa em seu coração, mesmo se aceitou a Jesus Cristo. Porém, teve seus pecados perdoados e foi declarado justo. Ainda assim, Deus lhe ordena purificar seu coração, para que não haja culpa até mesmo em sua consciência.

Assim como está escrito em Jeremias 4:4: *"Purifiquem-se para o Senhor, sejam fiéis à aliança, homens de Judá e habitantes de Jerusalém! Se não fizerem isso, minha ira se acenderá e queimará como fogo, por causa do mal que vocês fizeram; queimará e ninguém conseguirá apagá-lo"*. Purificar o coração significa cortar a pele de seu coração.

Cortar a pele de seu coração significa seguir o que Deus diz na Bíblia. Em outras palavras, significa largar tudo que é contra Deus, assim como a impureza, o mal, a injustiça, a falta de compromisso e as trevas, limpando o seu coração e enchendo-o com a verdade.

Além disso, você deve fazer da Palavra de Deus seu alimento, absorver os nutrientes, agindo de acordo, e excretando a sobra do mal e da impureza que pertence às trevas. Quando você purifica o seu coração, você cresce espiritualmente.

Quando você se torna um verdadeiro homem espiritual, lançando fora toda sobra e mal, você tem um relacionamento com Deus. Assim, o sangue de Jesus Cristo poderá lavá-lo de seus pecados, já que possui esse relacionamento.

Além disso, você não deve aceitar somente a Jesus Cristo e declará-lo justo, mas também mudar para um novo homem, comendo da carne, bebendo do sangue do Filho do Homem e purificando o seu coração.

Fé com Ações é Uma Fé Verdadeira

Para sua surpresa, você pode ver muitas pessoas que não

entendem o significado de fé. Alguns dizem: "Por que você simplesmente não vai à Igreja? Você ainda assim pode ser salvo".

Se você conhecer a Palavra de Deus e não agir conforme essa palavra, é apenas fé em forma de pensamento em sua cabeça, não uma fé verdadeira. Dessa maneira, não será salvo. Qual a fé que Deus reconhece? Como você pode ser salvo pela fé?

Verdadeiro Arrependimento Requer Desvio dos Maus Caminhos

Lemos em 1 João 1:8-9: *"Se afirmarmos que estamos sem pecado, enganamos a nós mesmos, e a verdade não está em nós. Se confessarmos os nossos pecados, Ele é fiel e justo para perdoar os nossos pecados e nos purificar de toda injustiça".*

O que é, no entanto, confessar seus pecados?

Suponhamos que Deus lhe diga: "Ir para o Leste é o caminho da vida eterna e minha vontade, então vá para o Leste". De qualquer forma, se você continuar indo para o Oeste e disser: "Deus, eu deveria ir para o Leste, mas estou indo para o Oeste, então, por favor, me perdoe". Isso não é uma confissão. O verdadeiro arrependimento é feito não somente para confessar os seus pecados com os lábios, mas também para lançá-los fora completamente. Somente assim Deus recebe como arrependimento e lhe garante o perdão.

A Fé Sem Obras é Morta

Em Tiago 2:22 está escrito: *"Você pode ver que tanto a fé*

como as obras estavam atuando juntas, e a fé foi aperfeiçoada pelas obras" e o versículo 26: *"Assim como o corpo sem espírito está morto, também a fé sem obras está morta".*

Muitas pessoas vão à Igreja porque escutaram que havia céu e inferno. Contudo, desde que não acreditam neste fato, obras não são realizadas.

E mais, se você confessar com seus lábios que acredita, enquanto está vivendo no pecado, como poderá dizer que tem fé? A Bíblia nos diz que esse pecado cometido com conhecimento é pior do que o pecado cometido sem conhecimento.

Quando você confessa: "Eu creio", sem obras, você pode até pensar que tem fé, mas Deus não reconhece como fé verdadeira.

Os Israelitas saíram do Egito e experimentaram muitas maravilhas de Deus. Deus partiu no meio o Mar Vermelho, enviou o maná e os protegeu com uma coluna de nuvens de dia e com uma coluna de fogo à noite.

No entanto, quando Deus os ordenou a vigiar à terra de Canaã, somente Josué e Caleb acreditaram na palavra de Deus e no poder. Como resultado, aqueles Israelitas, que não tinham obedecido a Deus porque não tinham a fé suficiente para ir a Canaã, andaram por 40 anos no deserto e morreram nele.

Você deve entender que é inútil, se não acreditar ou agir conforme a palavra de Deus ou até mesmo se você testemunhar e experimentar as obras de Deus. A Fé se completa com as obras.

Somente os Que Guardam a Lei São Justos

Deus nos diz em Romanos 2:13: *"Porque não são os que ouvem a Lei que são justos aos olhos de Deus; mas os que obedecem à Lei, estes serão declarados justos".*

Você não é justo apenas por comparecer aos cultos e ao ouvir as mensagens. Você se torna justo somente quando seu coração pecaminoso se transforma em um coração verdadeiro, ao agir de acordo com a Palavra de Deus.

Alguns dizem que você pode ser salvo apenas por chamar Jesus Cristo "Senhor" com seus lábios, em um entendimento errado de Romanos 10:13: *"porque todo aquele que invocar o nome do Senhor será salvo".* Ainda assim, essa palavra não é correta. Conforme está em Isaías 34:16: *"Procurem no livro do Senhor e leiam: nenhum destes animais estará faltando; nenhum estará sem o seu par. Pois foi a sua boca que deu a ordem, e o Seu Espírito os ajuntará",* a Palavra de Deus tem o seu par e se torna perfeita quando interpretada com ele.

Romanos 10:9-10 diz que: *"Se você confessar com a sua boca que Jesus é Senhor e crer em seu coração que Deus o ressuscitou dentre os mortos, será salvo. Pois com o coração se crê para a justiça, e com a boca se confessa para a salvação".*

Apenas aqueles que verdadeiramente acreditarem em seus corações que Jesus ressuscitou podem fazer sua confissão com os lábios. Eles serão salvos quando confessarem sua fé verdadeira e se tornarem crescentemente justos, mas aqueles que não confessarem com essa fé, não podem ser salvos.

É por isso que Jesus disse em Mateus 13:49-50: *"Assim acontecerá no fim desta era. Os anjos virão, separarão os perversos dos justos e lançarão aqueles na fornalha ardente, onde haverá choro e ranger de dentes"*.

Aqui, "os justos" significa todos aqueles que reconhecem Deus e clamam ter fé. "Separarão os perversos dos justos" remete ao fato de que, aqueles que não agem de acordo com a Palavra de Deus não podem ser salvos, mesmo que eles freqüentem os cultos e levem uma vida cristã.

Deus Realmente Quer Que Você Purifique o Coração

Deus quer que seus filhos sejam santos e perfeitos. É por isso que nos diz em 1 Pedro 1:15: *"Mas, assim como é santo aquele que os chamou, sejam santos vocês também em tudo o que fizerem"* e em Mateus 5:48: *"Portanto, sejam perfeitos como perfeito é o Pai celestial de vocês"*.

Durante os tempos do Antigo Testamento as pessoas eram salvas por suas obras, como representação do que estava por vir, mas durante o Novo Testamento, Jesus Cristo cumpriu a lei com amor, e agora somos salvos pela fé.

"Sendo salvos pelas obras da Lei" significa que mesmo que você tenha, por exemplo, um coração sujo com homicídio, ódio, adultério, mentiras e assim por diante, não é considerado pecado, a menos que se torne uma ação.

Deus não condenou as pessoas, a menos que cometessem pecados, porque não podiam confessar seus próprios pecados sem o arrependimento que vem do Espírito Santo nos tempos do Antigo Testamento. Contudo, durante o Novo Testamento, você é salvo somente quando purifica o seu coração com a ajuda do Espírito Santo, pois Ele veio até nós. O Espírito Santo faz com que nós tomemos conhecimento da diferença entre pecado e justiça, e o julgamento, e nos capacita a viver de acordo com a palavra de Deus. Portanto, você pode deixar a falsidade e purificar o seu coração, com a ajuda do Espírito Santo.

Você deve perceber que Deus realmente pergunta se você quer purificar o seu coração, lançar fora os seus pecados, ser santo e participar da natureza divina. O apóstolo Paulo sabia dessa vontade de Deus e ensinou a purificar o coração, não a carne (Romanos 2:28-29). Ele aconselhou você a resistir, ao ponto de derramar o seu sangue em sua luta contra o pecado, com os seus olhos fixados em Jesus, o aperfeiçoador de sua fé (Hebreus 12:1-4).

Eu espero que você possa ter uma fé acompanhada por obras, percebendo que você não pode entrar no céu apenas dizendo: "Senhor, Senhor", mas somente por caminhar na luz e purificar o seu coração.

Capítulo 9

Nascer nas Águas do Espírito

- Nicodemos Vem a Jesus
- Jesus Ajuda o Entendimento
  Espiritual de Nicodemos
- Quando Nascer nas Águas do Espírito
- Três Testificadores: o Espírito, a Água
  e o Sangue

Havia um fariseu chamado Nicodemos, uma autoridade entre os judeus. Ele veio a Jesus, à noite, e disse: "Mestre, sabemos que ensinas da parte de Deus, pois ninguém pode realizar os sinais miraculosos que estás fazendo, se Deus não estiver com ele". Em resposta, Jesus declarou: "Digo-lhe a verdade: Ninguém pode ver o Reino de Deus, se não nascer de novo".

Perguntou Nicodemos: "Como alguém pode nascer, sendo velho? É claro que não pode entrar pela segunda vez no ventre de sua mãe e renascer!" Respondeu Jesus: "Digo-lhe a verdade: Ninguém pode entrar no Reino de Deus, se não nascer da água e do Espírito".

João 3 :1-5

Deus enviou Jesus Cristo, seu único Filho, e abriu o caminho da salvação. Todo aquele que o aceitar recebe o direito de se tornar um filho de Deus e aproveitar uma vida abençoada e eterna agora e para sempre. Contudo, hoje em dia você pode ver que muitas pessoas não têm a certeza da salvação, mesmo tendo recebido a Jesus Cristo. Ademais, algumas pessoas clamam ter recebido a salvação, mas sofrem da falta da fé que salva, ou alguns outros clamam ser salvos porque receberam o Espírito Santo uma vez, mas eles não se importam com suas obras depois disso.

Agora, para concluir a mensagem da cruz, vamos clarificar o como atingir a perfeita salvação, a partir do momento em que você recebe a Jesus Cristo, através da história de Nicodemos.

Nicodemos Vem a Jesus

Nos tempos de Jesus, os fariseus tinham uma alta estima pela Lei de Moisés e por manter a tradição dos anciãos. Eles eram líderes religiosos entre os israelitas que acreditavam na soberania de Deus, na ressurreição, nos anjos, no dia do Juízo Final, e na vinda do Messias.

Ainda assim Jesus os exortava constantemente, dizendo: "Ai de vocês, fariseus." Eles, como hipócritas, aparentavam às pessoas como sendo santos por fora, mas por dentro eram cheios de ganância e egoísmo, sendo como sepulcros caiados (Mateus 23:25-36).

Nicodemos Tinha um Bom Coração

Nicodemos era um dos fariseus do conselho de judeus chamado Sinédrio. Contudo, ele não perseguia a Jesus como outros fariseus. Ao invés disso, ele acreditava que Jesus havia vindo de Deus, enxergando as maravilhas e os sinais que Jesus fazia. Nicodemos queria saber quem Jesus era, porque ele tinha um bom coração.

Em João 7:51, Nicodemos pergunta aos fariseus que queriam prender Jesus, defendendo a Ele: *"A nossa lei condena alguém, sem primeiro ouvi-lo para saber o que ele está fazendo?"*

Poderia não ser fácil falar isso entre os membros do Sinédrio naquele tempo. Mesmo hoje, se um governo classifica como ilegal ou desencoraja o Cristianismo, pessoas públicas não podem ficar ao lado do Cristianismo. Da mesma maneira, naquele tempo os israelitas desprezavam todas as religiões, exceto o judaísmo. Nicodemos sabia que ele poderia ser excluído, se defendesse a Jesus.

Não obstante, Nicodemos defendeu Jesus. Isso prova que ele foi verdadeiro e esteve firme na fé em Jesus.

João 19:39-40 descreve uma cena imediatamente após a morte de Jesus na cruz:

"Ele estava acompanhado de Nicodemos, aquele que antes tinha visitado Jesus à noite. Nicodemos levou cerca de trinta e quatro quilos de uma mistura de mirra e aloés. Tomando o corpo de Jesus, os dois o envolveram em faixas de linho, com as especiarias, de acordo com os costumes judaicos de sepultamento".

Portanto, Nicodemos acreditava que Jesus era um homem de Deus, serviu a Jesus imutavelmente, mesmo após sua crucificação, e ganhou a salvação com fé em sua ressurreição.

Nicodemos Vem a Jesus

Em João 3, há um diálogo entre Jesus e Nicodemos antes que ele entendesse a verdade em espírito.

Uma noite Nicodemos veio a Jesus e disse: *"Mestre, sabemos que ensinas da parte de Deus, pois ninguém pode realizar os sinais miraculosos que estás fazendo, se Deus não estiver com ele"* (v. 2.)

Nicodemos primeiramente não sabia que Jesus era o Messias e Filho de Deus. Contudo, após testemunhar os milagres de Jesus, Nicodemos percebeu que Jesus era um homem de Deus, porque ele tinha uma boa consciência. Através de sua boa consciência, ele soube que somente o Deus Altíssimo poderia ressuscitar os mortos, fazer com que os cegos enxergassem, os cochos se levantassem e os leprosos fossem curados.

Então, por que ele veio a Jesus de noite? Ele era como aquelas pessoas que não querem ir a uma igreja publicamente, porque não possuem confiança no Criador.

Apesar de Nicodemos ter um bom coração, ele não tinha a fé verdadeira. Ele não tinha confiança em Jesus como o Filho de Deus e o Messias, então ele não visitou a Jesus durante o dia, publicamente, e sim durante a noite.

Jesus Ajuda o Entendimento Espiritual de Nicodemos

Jesus disse a Nicodemos: *"Digo-lhe a verdade: Ninguém pode ver o Reino de Deus, se não nascer de novo"* (João 3:3).

Contudo, Nicodemos não podia entender o que Jesus dizia. Ele então perguntou novamente: "Como pode alguém nascer, sendo velho?" Ele não tinha a fé espiritual, então ele imaginava: "Como pode um homem morrer e retornar ao pó, para então nascer de novo?"

Então Jesus lhe contou sobre nascer da água e do Espírito: *"Digo-lhe a verdade: Ninguém pode entrar no Reino de Deus, se não nascer da água e do Espírito. O que nasce da carne é carne, mas o que nasce do Espírito é espírito"* (João 3:5-6).

Depois da desobediência de Adão, o espírito de cada homem morreu e todos, a partir de então, estavam destinados a morrer. Contudo, o espírito de um homem pode reviver, depois de ter nascido no Espírito Santo. Conforme ele se torna espiritual, ele volta a ser conforme a imagem de Deus e é salvo. Ainda assim, Nicodemos não entendeu o que Jesus queria dizer (João 3:9).

Então ele perguntou: "Como isso pode acontecer?", ao que

Jesus lhe respondeu:

Eu lhes falei de coisas terrenas e vocês não creram; como crerão se lhes falar de coisas celestiais? Ninguém jamais subiu ao céu, a não ser aquele que veio do céu: o Filho do Homem. Da mesma forma como Moisés levantou a serpente no deserto, assim também é necessário que o Filho do Homem seja levantado, para que todo o que nele crer tenha a vida eterna. (João 3:12-15).

Em Números 21:4-9, os israelitas que haviam sido retirados do Egito falaram contra Moisés por causa de suas jornadas a Canaã, que estavam se tornando crescentemente difíceis de suportar. Então Deus virou a sua face e lhes enviou serpentes venenosas para picar as pessoas.

Quando o povo clamou por ajuda, Deus disse a Moisés para fazer uma serpente de bronze e colocá-la em um estandarte. Deus salvou a todos que olhassem para a serpente, mas pessoas teimosas morreram porque nem sequer se davam ao trabalho de olhar para a serpente, em descrença.

Para Compreender a Palavra de Deus Espiritualmente

Por que Deus ordenou que se fizesse uma serpente de bronze e a colocasse sobre um estandarte? De Gênesis 3:14 sabemos que a serpente foi amaldiçoada. Ademais, Gálatas 3:13 diz: *"Maldito todo aquele que for pendurado num madeiro"*.

Portanto, colocar uma serpente de bronze sobre um estandarte simboliza que Jesus seria posto em uma cruz de madeira, como uma serpente amaldiçoada, para nos redimir. Além disso, assim como aqueles que olharam para a serpente viveram, dessa mesma maneira, qualquer um que creia em Jesus Cristo será salvo.

Nicodemos não podia compreender o significado da palavra de Deus, porque ele ainda não havia nascido de novo, e seus olhos espirituais ainda estavam fechados.

Mesmo hoje, a menos que você nasça novamente, você não poderá entender o significado da mensagem espiritual, porque você pode tentar compreendê-la ao pé da letra e interpretá-la de forma equivocada.

Você deve orar fervorosamente de modo a compreender o significado espiritual da palavra de Deus, pela inspiração do Espírito Santo. Então o Deus de graça abrirá o seu coração e você poderá entender a Palavra de Deus e ter uma fé verdadeira.

Quando Nascer nas Águas do Espírito

Jesus disse a Nicodemos, quando ele O visitou pela noite:

"Digo-lhe a verdade: Ninguém pode entrar no Reino de Deus, se não nascer da água e do Espírito. O que nasce da carne é carne, mas o que nasce do Espírito é espírito". (João 3:5-6).

Vamos esclarecer o significado de nascer da água e do Espírito. Como você pode nascer novamente pela água e pelo

Espírito, e assim obter a salvação?

Água Simboliza a Água Viva, Que Dá a Vida Eterna

A água alivia nossa sede e faz com que nossos órgãos internos trabalhem suavemente. Ela também limpa o nosso corpo por dentro e por fora.

Assim sendo, Jesus comparou a água viva à água para explicar que ela poderia nos limpar e nos trazer vida.

Jesus nos conta em João 4:14: *"mas quem beber da água que eu lhe der nunca mais terá sede. Ao contrário, a água que eu lhe der se tornará nele uma fonte de água a jorrar para a vida eterna"*. Quando bebemos água, perdemos a sede por um tempo, mas eventualmente tornaremos a ter sede. Aqueles que beberem a água que Jesus lhes der nunca sentirão sede novamente. Designadamente, "uma fonte de água que jorra por toda a vida eterna" nos dá a vida.

Ademais, sua "carne" se refere à palavra da Bíblia, porque Jesus é a Palavra que veio ao mundo em carne. Comer a carne de Jesus remete a manter a sua Palavra em nossas mentes ao ler a Bíblia.

O sangue de Jesus é vida e a vida é a verdade. A verdade é Cristo e Cristo é o poder de Deus. Todos esses são o sangue de Jesus. Uma vez que o poder de Deus vem pela fé, beber o sangue de Jesus significa obedecer à sua Palavra pela fé.

Você aprendeu que água espiritualmente simboliza a carne de Jesus – que é a Palavra de Deus, pois ele é o Cordeiro de Deus.

Da mesma forma como a água limpa nossos corpos, a palavra de Deus leva as coisas sujas para longe de nossos corações.

Por isso somos batizados pela água na igreja e o batismo simboliza que você passa a ser um filho nascido de Deus e com os pecados perdoados. Ademais, isso significa que você deve meditar na palavra de Deus e assim ser limpo todos os dias.

Nascido de Novo Pela Água

Como então podemos lavar a sujeira de nossos corações pela Palavra de Deus que é a água eterna? Existem quatro tipos de ordenamentos que Deus nos dá: "faça", "não faça", "guarde algo", e "lance fora algo." Por exemplo, Deus nos diz para não fazer tais coisas como ter inveja, ódio, julgar os outros, roubar, adulterar e assassinar.

Da mesma maneira, nós não devemos fazer o que é proibido e, ao mesmo tempo, devemos lançar fora todo tipo de coisas malignas. Nós devemos também separar o Sabbath, evangelizar, orar e amar ao próximo. Seu coração então gradualmente se encherá da verdade, pela ajuda do Espírito Santo, e a Palavra de Deus lavará toda impureza ou pecado. Dessa forma, nossos corações podem ser limpos e transformados na verdade, ao agirmos em concordância com a Palavra de Deus, e isso significa "nascer da água."

Portanto, para receber a salvação completa, devemos não somente aceitar a Jesus, mas também circuncidar nossos corações ao abrir a Palavra de Deus, em todos os momentos da nossa vida.

Nascido de Novo Pelo Espírito

Para receber a salvação, nós devemos nascer da água e do Espírito também. Como podemos ser nascidos do Espírito? Em Atos 19:2, o apóstolo Paulo perguntou a alguns discípulos: *"Vocês receberam o Espírito Santo quando creram?"* O que é receber o Espírito Santo?

O primeiro homem, Adão, consistia de "espírito", "alma" e "corpo" (I Tessalonissenses 5:23), mas seu espírito morreu em conseqüência da desobediência. Então ele se tornou um ser que não é melhor que um animal feito de alma e corpo (Eclesiastes 3:18).

Se nos arrependermos de nossos pecados, reconhecendo que somos pecadores, Deus nos dá o seu Santo Espírito como dom e prova que somos seus filhos (Atos 2: 38).

Qualquer filho de Deus, que receba o Espírito Santo, é capaz de distinguir entre bem e mal pela Palavra de Deus e de viver de acordo com a Palavra, pelo poder e pela força que vêm do céu, através de fervorosas e contínuas orações.

Dessa maneira, você pode sair da falsidade e mudar para a verdade, e ter fé espiritual em tal extensão que dê a luz ao seu espírito, através do Espírito Santo. Em João 3:6 está escrito: *"O que nasce da carne é carne, mas o que nasce do Espírito é espírito,"* e João 6:63 observa: *"O Espírito dá vida; a carne não produz nada que se aproveite. As palavras que eu lhes disse são espírito e vida."*

Torne-se um Homem de Espírito de Acordo com o Espírito Santo

Quando você nasce na água e no Espírito, você obtém a cidadania no céu (Filipenses 3:20). Como filho de Deus, você vai a cultos, louva-O e se regozija n'Ele, e se esmera em viver na luz.

Antes de receber o Espírito Santo, você viveu na escuridão, porque você não sabia a verdade. Contudo, após receber o Espírito Santo, você tenta viver na luz.

Conforme o tempo passa, você descobre que, enquanto tinha alegria no coração, você constantemente tinha conflitos internos. Isso acontece porque a Lei do Espírito, que segue os desejos do Espírito Santo, luta contra a lei da natureza pecaminosa que segue as vontades de um homem pecaminoso, que cobiça e possui orgulho pela vida (1 João 2:16)

O apóstolo Paulo falou sobre essa luta: *"No íntimo do meu ser tenho prazer na Lei de Deus; mas vejo outra lei atuando nos membros do meu corpo, guerreando contra a lei da minha mente, tornando-me prisioneiro da lei do pecado que atua em meus membros. Miserável homem que eu sou! Quem me libertará do corpo sujeito a esta morte?"* (Romanos 7:22-24) .

Quando você nasce da água e do Espírito, você acaba de se tornar um filho de Deus, como um recém-nascido espiritualmente. Isso não significa que você é uma pessoa adulta e experiente espiritualmente.

Por isso Gálatas 5:16-17 observa: *"Vivam pelo Espírito, e de modo nenhum satisfarão os desejos da carne. Pois a carne deseja o que é contrário ao Espírito; e o Espírito, o que é contrário à carne. Eles estão em conflito um com o outro, de modo que vocês não fazem o que desejam".*

Para seguir o Espírito Santo, você deve viver em concordância com a Palavra de Deus e fazer o que é aceitável e prazeroso para Deus. Assim, se você seguir os desejos do Espírito, você não vai ser tentado e será capaz de derrotar a Satanás, que o tentará a seguir os desejos da natureza pecaminosa. Você pode viver pela verdade e devotar-se fielmente ao reino de Deus e à sua justiça.

Quando você segue os desejos do Espírito Santo, você está em alegria e paz. Contudo, você irá ser um miserável com um pesado fardo nas costas, quando seguir os desejos de sua natureza pecaminosa.

Conforme a sua fé amadurecer, você poderá lançar fora os seus pecados e seguir os desejos do Espírito Santo em todas as situações. Os seus desejos que querem seguir a natureza pecaminosa irão desaparecer. Ademais, você não precisará lutar para lançar fora os pecados e não será miserável de novo. Você poderá ser sempre feliz em qualquer circunstância.

Deus tem prazer naqueles que vivem pelo Espírito. Ele lhes satisfaz os desejos de seus corações conforme nos prometeu em Salmos 37:4: *"Deleite-se no Senhor, e ele atenderá aos desejos do seu coração."*

Se você direcionar o seu coração para que se encha somente com a verdade, Deus terá prazer em você e fará possível todas as coisas para você. Eu espero que você possa nascer da água e do Espírito, e viver em concordância com os desejos do Espírito.

Três Testificadores: o Espírito, a Água e o Sangue

Conforme já explicado, você deveria nascer da água e do Espírito para ser salvo. Contudo, para receber a salvação completa, você deve ser purificado de seus pecados, pelo sangue de Jesus ao caminhar na luz.

Se o seu coração não está purificado, você ainda possuirá pecados. Portanto, você necessitará do sangue de Jesus Cristo para se purificar dos pecados remanescentes.

Acerca disso, 1 João 5:5-8 nos conta o seguinte:

Quem é que vence o mundo? Somente aquele que crê que Jesus é o Filho de Deus. Este é aquele que veio por meio de água e sangue, Jesus Cristo: não somente por água, mas por água e sangue. E o Espírito é quem dá testemunho, porque o Espírito é a verdade. Há três que dão testemunho: o Espírito, a água e o sangue; e os três são unânimes.

Jesus Veio por Água e Sangue

João 1:1 diz: *"O Verbo era Deus"* e João 1:14: *"Aquele que é a Palavra tornou-se carne e viveu entre nós. Vimos a sua glória, glória como do Unigênito vindo do Pai, cheio de graça e de verdade."* Ou seja, Jesus, Filho unigênito de Deus e a própria Palavra de Deus, veio à Terra em carne para perdoar os nossos pecados. Mesmo hoje, Ele continua a nos purificar com a

Palavra de Deus – A Bíblia.

Contudo, você não pode viver de acordo com a Palavra de Deus sem a ajuda do Espírito Santo. É impossível lançar fora os seus pecados pelas suas próprias forças. Você deve receber a ajuda do Espírito Santo através da oração fervorosa, de forma que você possa abandonar sua natureza carnal, a luxúria de seus olhos e o orgulho pela vida. Somente assim você poderá afastar as trevas da mentira de seu coração.

Ou seja, você necessita do derramamento de sangue para ser perdoado. Em Hebreus 9:22 está escrito: *"De fato, segundo a Lei, quase todas as coisas são purificadas com sangue e sem derramamento de sangue não há perdão."* Você precisa de Jesus porque apenas o seu sangue imaculado e sem pecados pode lavá-lo de seus próprios pecados.

Você deve acreditar em Jesus que veio em água e sangue e receber o Espírito Santo como dom de Deus, para obter a salvação, para a qual você precisa das três coisas: o Espírito, a água e o sangue.

Se não houver derramamento de sangue, não haverá perdão e você continuará em pecado. Você precisa não somente da palavra – a água – para ser purificado, mas também do Espírito Santo, para ajudá-lo a viver plenamente de acordo com a sua palavra. Então esses três são unânimes.

Portanto, nós devemos, após ser perdoados de nossos pecados ao aceitar a Jesus Cristo, continuar nascendo da água e do Espírito, de forma a receber a perfeita salvação, compreendendo o fato de que somente o Espírito, a água e o sangue juntos nos salvarão e nos levarão para o céu.

Capítulo 10

O QUE É HERESIA?

- A Definição Bíblica de Heresia
- O Espírito da Verdade e o Espírito
  de Erro

"No passado surgiram falsos profetas no meio do povo, como também surgirão entre vocês falsos mestres. Estes introduzirão secretamente heresias destruidoras, chegando a negar o Soberano que os resgatou, trazendo sobre si mesmos repentina destruição. Muitos seguirão os caminhos vergonhosos desses homens e, por causa deles, será difamado o caminho da verdade. Em sua cobiça, tais mestres os explorarão com histórias que inventaram. Há muito tempo a sua condenação paira sobre eles, e a sua destruição não tarda".

2 Pedro 2:1-3

À medida em que a civilização materialista se desenvolve, pessoas vêm para negar a Deus e tentar mostrar aos outros que eles dependem apenas de seu conhecimento e sabedoria. Conforme os pecados se multiplicam, os espíritos das pessoas se tornam obscurecidos e as pessoas se corrompem. Portanto, muitas pessoas são enganadas por estas mentiras, porque elas não conseguem distinguir entre o que é verdadeiro e o que é falso. Eles também cometem o erro de julgar as outras pessoas baseados em seus conhecimentos e teorias sobre o que é certo e o que é errado.

Em Mateus 12:22-32, Jesus cura um endemoniado que havia sido cego e mudo. Contudo, quando os fariseus ouvem isso, dizem: *"É somente por Belzebu, o príncipe dos demônios, que ele expulsa demônios"* (v. 24). Eles amaldiçoaram a obra de Deus dizendo que ela era feita por um demônio.

Jesus disse a eles em Mateus 12:31-32: *"Por esse motivo eu lhes digo: Todo pecado e blasfêmia serão perdoados aos homens, mas a blasfêmia contra o Espírito não será perdoada. Todo aquele que disser uma palavra contra o Filho do Homem será perdoado, mas quem falar contra o Espírito Santo não será perdoado, nem nesta era nem na que há de vir."*

Os fariseus concluíram que o que Jesus havia feito pelo poder de Deus era obra do demônio. Isso é blasfêmia contra o Espírito

Santo. Esses fariseus, portanto, não poderiam ser perdoados.

Se você distinguir entre a verdade e a falsidade à luz da Bíblia, você não irá julgar os outros ou mesmo ser enganado pelo que é falso.

Vamos nos aprofundar no que é "heresia" na perspectiva de Deus, como distinguir entre o Espírito de Deus e os espíritos malignos, e outras seitas heréticas com as quais você deve ser cauteloso.

A Definição Bíblica de Heresia

O dicionário Oxford define "heresia" como "uma crença ou opinião que é contra os princípios de uma religião em particular." Algumas pessoas acham que só o que elas acreditam é certo, mas consideram outras religiões como heresia. Por exemplo, para um budista, apenas o Budismo é o caminho correto. Para ele, uma outra religião como o Confucionismo não é a verdade.

Paulo, Acusado Como Líder de Uma Seita Herética

Atos 24:5 diz: *"Verificamos que este homem é um perturbador, que promove tumultos entre os judeus pelo mundo todo. Ele é o principal cabeça da seita dos nazarenos."* Aqui "a seita dos nazarenos" se refere a "uma seita herege," e esta é a primeira vez em que a palavra "herege" aparece na Bíblia.

Os judeus fizeram acusações contra Paulo diante do governador porque eles pensaram que o evangelho que Paulo estava pregando era herege. Paulo refutou a acusação e professou sua fé conforme está em Atos 24:13-16:

> *Nem tampouco podem provar-te as acusações que agora estão levantando contra mim. Confesso-te, porém, que adoro o Deus dos nossos antepassados como seguidor do Caminho, a que chamam seita. Creio em tudo o que concorda com a Lei e no que está escrito nos Profetas, e tenho em Deus a mesma esperança desses homens: de que haverá ressurreição tanto de justos como de injustos. Por isso procuro sempre conservar minha consciência limpa diante de Deus e dos homens.*

O Apóstolo Paulo Era Realmente Um Herege?

Você deve olhar a definição de heresia na Bíblia porque Ela é a palavra de Deus e a única autoridade para distinguir a verdade da mentira. O tema "seita herege", ou similar, aparece cinco vezes na Bíblia. Contudo, a definição de heresia é discutida apenas uma vez:

> *No passado surgiram falsos profetas no meio do povo, como também surgirão entre vocês falsos mestres. Esses introduzirão secretamente heresias destruidoras, chegando a negar o Soberano que os resgatou, trazendo sobre si mesmos repentina destruição. (2 Pedro 2:1).*

"O Soberano que os resgatou" se refere a Jesus Cristo. Os homens pertenciam originalmente a Deus e viviam de acordo com a sua vontade. Depois da desobediência, Adão se tornou um pecador e passou a pertencer ao diabo. Contudo, Deus teve misericórdia das pessoas que estavam no caminho da morte. Deus enviou Jesus, seu único Filho, como uma oferta de paz e permitiu que Ele fosse crucificado, para abrir o caminho da salvação através de seu sangue.

Deus trabalhou por nós, que antes pertencíamos ao diabo, para termos nossos pecados perdoados, se apenas acreditássemos em Jesus Cristo. Nós também recebemos vida e passamos a pertencer a Deus novamente. Por isso nós podemos dizer que Jesus nos comprou através da crucificação e, por isso, a Bíblia diz que Jesus é "o Soberano que nos resgatou."

Hereges Negam Jesus Cristo

Agora você sabe que "hereges" são aqueles que chegam *a negar o Soberano que os resgatou, trazendo sobre si mesmos repentina destruição"* (2 Pedro 2:1). Este termo nunca foi utilizado na Bíblia, até que Jesus completasse sua missão como Salvador. O nome "Jesus" significa "(aquele que) irá salvar seu povo de seus pecados." "Cristo" é "Ungido de Deus." Jesus se tornou o Salvador apenas depois de realizar sua obra – ser crucificado e ressuscitar.

Por isso você não pode encontrar este termo no Velho Testamento ou nos evangelhos de Mateus, Marcos, Lucas e João, nos quais a vida de Jesus é registrada. Mesmo os fariseus, professores da Lei e sacerdotes que perseguiram a Jesus não utilizaram este termo. Nem mesmo os sumo sacerdotes o utilizaram.

Apenas depois que Jesus ressuscitou para cumprir sua missão como o Cristo, pessoas negando "o Soberano que os resgatou" apareceram. E somente elas fizeram a Bíblia nos advertir sobre esses hereges.

Portanto, se as pessoas crêem em Cristo Jesus como "o Soberano que os resgatou," elas não são hereges. Contudo, se elas negam isso, são hereges.

O apóstolo Paulo não negou Jesus Cristo, que o havia resgatado com o seu precioso sangue. Pelo contrário, Paulo deu graças a Jesus, a quem proclamava em todos os lugares por onde ia e, por isso, teve de pagar um alto preço. Por cinco vezes, ele recebeu dos judeus quarenta açoites menos um. Uma vez foi apedrejado. Ele foi preso, perseguido pelos gentios e seus próprios compatriotas e foi traído por aqueles em quem confiava. Apesar de tudo isso, Paulo se tornou um homem de grande poder ao superar todas essas tribulações com alegria e gratidão, e glorificando a Deus ao curar incontáveis pessoas no nome de Jesus Cristo, até o dia em que ele morreu uma morte de mártir.

Paulo Pregou o Evangelho Demonstrando o Poder de Deus

Você deve saber que o poder de Deus não pode ser mostrado por aqueles que negam a Deus, o Criado,r e Cristo Jesus que é

Deus, pois a Bíblia explicitamente diz: *"Uma vez Deus falou, duas vezes eu ouvi, que o poder pertence a Deus"* (Salmos 62:11).

Você não deve julgar a pessoa que demonstra o poder de Deus, porque o poder prova que Deus está com ela e que essa pessoa ama tremendamente a Deus. Em Gálatas 1:6-8, Paulo, que foi chamado de líder da seita dos nazarenos, adverte estritamente a não seguir um evangelho diferente da mensagem da cruz:

> *"Admiro-me de que vocês estejam abandonando tão rapidamente aquele que os chamou pela graça de Cristo, para seguirem outro evangelho que, na realidade, não é o evangelho. O que ocorre é que algumas pessoas os estão perturbando, querendo perverter o evangelho de Cristo. Mas ainda que nós ou um anjo dos céus pregue um evangelho diferente daquele que lhes pregamos, que seja amaldiçoado! Como já dissemos, agora repito: Se alguém lhes anuncia um evangelho diferente daquele que já receberam, que seja amaldiçoado!"*

Mesmo hoje, algumas pessoas são consideradas hereges, mesmo nunca havendo negado a Jesus Cristo, mas apenas pregado o evangelho de Cristo e proclamado o Deus vivo ao demonstrar e cumprir a obra e o poder d'Ele.

Não Julgue os Outros Como Hereges

Eu também já sofri uma série de provações ao ser acusado de herege assim como demonstrei o poder de Deus e vi minha igreja crescer. De fato, o tamanho da congregação cresceu para mais de 120.000 membros nas últimas três décadas, desde que a igreja foi fundada em 1982.

Eu já sofri de várias doenças por sete anos, e fui curado pelo poder de Deus uma vez. Então eu tentei viver para a glória de Deus, fosse quando eu comesse ou bebesse, da mesma forma que Paulo, o apóstolo viveu. Eu coloquei minha vida nas mãos de Deus e me foquei em "somente Jesus, sempre Jesus."

No tempo em que eu era um leigo, tentei testemunhar que Deus havia me curado e pregar o evangelho. Depois de ser chamado como um servo de Deus, eu preguei a mensagem da cruz e proclamei o Deus vivo e Jesus, o Salvador. Eu até testifiquei sobre Deus, enquanto ministrava uma cerimônia de casamento, porque eu queria vorazmente levar mais pessoas a serem salvas.

Eu percebi que tanto a poderosa palavra de Deus quanto as provas do Deus vivo eram necessárias para ser uma testemunha do Senhor até os confins do mundo. Então eu orei ardentemente, como os meus pais da fé fizeram, para receber o poder de Deus e passei por todas as provações que me foram dadas com gratidão e alegria.

Algumas vezes passei por risco de morte. Assim como Jesus recebeu a glória da ressurreição depois de sua morte inocente, Deus aumentou meu poder de acordo com a Sua vontade, sempre que eu superava as provações, uma atrás da outra.

Como resultado, toda vez em que eu testifiquei por todo o mundo – no Quênia, Uganda, Honduras, Japão, mesmo no profundamente muçulmano Paquistão e mesmo na Índia, um país hindu – desde 2000 - que Deus é o único e verdadeiro Deus e por que você é salvo quando acredita em Jesus Cristo, dezenas de milhares de pessoas se arrependeram, cegos enxergaram, mudos falaram, surdos escutaram e doenças incuráveis como AIDS e vários cânceres foram curados. Esses milagres glorificam a Deus tremendamente.

Portanto, alguém que entenda plenamente o que é heresia não julgará aqueles que são hereges sem analisar cuidadosamente. Em Atos 5:33-42, você pode ler sobre Gamaliel, um professor da Lei, que foi honrado por todas as pessoas. Como ele agia?

Naquele tempo, os fariseus do Sinédrio proibiram Pedro e João de testificar sobre Jesus Cristo, mas eles eram cheios do Espírito Santo e não obedeceram ao conselho. Por isso, os membros do Sinédrio queriam sentenciá-los à morte. Assim mesmo, Gamaliel se colocou de pé no Sinédrio e ordenou que os homens fossem colocados para fora por um tempo. Então ele se dirigiu a eles:

Israelitas, considerem cuidadosamente o que pretendem fazer a esses homens. Há algum tempo, apareceu Teudas, reivindicando ser alguém, e cerca de quatrocentos homens se juntaram a ele. Ele foi morto, todos os seus seguidores se dispersaram e acabaram em nada. Depois dele, nos dias do recenseamento, apareceu

Judas, o galileu, que liderou um grupo em rebelião. Ele também foi morto, e todos os seus seguidores foram dispersos. Portanto, neste caso eu os aconselho: deixem esses homens em paz e soltem-nos. Se o propósito ou atividade deles for de origem humana, fracassará; se proceder de Deus, vocês não serão capazes de impedi-los, pois se acharão lutando contra Deus. (Atos 5:35-39).

Ao ler esta passagem, você pode perceber que se uma obra milagrosa não for de Deus, vai falhar no final, mesmo se pessoas não tomarem nenhuma atitude para pará-la. Mesmo assim, se elas se opuserem ou atrapalharem as obras de Deus, elas não serão capazes de parar essas obras. Ao invés, seu esforço não é diferente de lutar contra Deus e eles não se sujeitarão ao julgamento e à punição d'Ele.

Algumas vezes as pessoas julgam as outras como hereges por diferenças na interpretação da Bíblia, visões do Espírito Santo e mesmo línguas, apesar de todos eles reconhecerem a Santa Trindade e reconhecerem que Jesus Cristo veio em carne.

Algumas pessoas podem até dizer que elas não necessitam de línguas e visões, e essas obras do Espírito Santo são erradas porque não há nenhum registro de que Jesus tenha falado em outras línguas ou tido visões. Contudo, a Bíblia diz que são coisas boas para nós:

"A cada um, porém, é dada a manifestação do Espírito, visando ao bem comum. Pelo Espírito, a um é dada a

palavra de sabedoria; a outro, pelo mesmo Espírito, a palavra de conhecimento; a outro, fé, pelo mesmo Espírito; a outro, dons de curar, pelo único Espírito; a outro, poder para operar milagres; a outro, profecia; a outro, discernimento de espíritos; a outro, variedade de línguas; e ainda a outro, interpretação de línguas. Todas essas coisas, porém, são realizadas pelo mesmo e único Espírito, e ele as distribui individualmente, a cada um, como quer. (1 Coríntios 12:7-11).

Conseqüentemente, você não deveria ser leigo ou julgar os que tenham tipos diferentes de dons do Espírito como hereges, só porque você nunca os experimentou.

O Espírito da Verdade e o Espírito do Erro

Em 2 Pedro 2:1-3, não há explicação sobre heresia. A Bíblia nos adverte sobre falsos profetas e professores que secretamente introduzem heresias destrutivas. *"Muitos seguirão os caminhos vergonhosos desses homens e, por causa deles, será difamado o caminho da verdade. Em sua cobiça, tais mestres os explorarão com histórias que inventaram. Há muito tempo a sua condenação paira sobre eles, e a sua destruição não tarda"* (2 Pedro 2:2-3).

Também em 1 João 4:1-3, diz: *"Amados, não creiam em qualquer espírito, mas examinem os espíritos para ver se eles procedem de Deus, porque muitos falsos profetas têm saído pelo mundo. Vocês podem reconhecer o Espírito de Deus deste modo: todo espírito que confessa que Jesus Cristo veio em carne procede de Deus; mas todo espírito que não confessa Jesus não procede de Deus. Esse é o espírito do anticristo, acerca do qual vocês ouviram que está vindo, e agora já está no mundo."*

Teste Se Cada Espírito Provém ou Não de Deus

Existem bons espíritos que pertencem a Deus que o levam à salvação, enquanto também existem maus espíritos que o levarão à destruição.

Por um lado, alguém que recebe o Espírito de Deus também reconhece que Jesus Cristo veio em carne. Ela acredita na Santa Trindade – Deus, Jesus Cristo e o Espírito Santo, então essa pessoa está selada como filho de Deus. Ele pode entender a verdade e a vida de acordo com a verdade, com a ajuda do Espírito Santo.

Por outro lado, alguém que tenha o espírito do anticristo se opõe a Jesus Cristo e nega a sua redenção. Você deve ser cuidadoso e ser capaz de distinguir anticristos porque um anticristo muitas vezes trabalha entre os crentes através da distorção da Palavra de Deus.

De qualquer maneira, negar a Jesus Cristo não é diferente de lutar contra Deus que O enviou a este mundo.

A Bíblia adverte sobre o anticristo em 2 João 1:7-8 conforme segue:

"De fato, muitos enganadores têm saído pelo mundo, os quais não confessam que Jesus Cristo veio em corpo. Tal é o enganador e o anticristo. Tenham cuidado, para que vocês não destruam o fruto do nosso trabalho, antes sejam recompensados plenamente".

Em 1 João 2:19 está outro aviso para nós:

"Eles saíram do nosso meio, mas na realidade não eram dos nossos, pois, se fossem dos nossos, teriam permanecido conosco; o fato de terem saído mostra que nenhum deles era dos nossos."

Existem dois tipos de anticristo: o homem que será possuído pelo espírito do anticristo e o homem que será enganado pelo espírito do anticristo. Ambos tentarão enganar os homens onde o Espírito Santo esteja. Eles capturarão os homens que se opuserem à Palavra de Deus e os enganarão através de seus pensamentos. Pessoas cujos pensamentos estejam totalmente controlados pelo espírito do anticristo são chamadas "possuídas."

Se um ministro receber o espírito do anticristo, membros da igreja caminharão em direção à destruição, tomados pelo espírito do anticristo.

Portanto, você deve saber claramente sobre o Espírito da Verdade e o espírito do erro, de forma a não ser enganado pelo espírito do anticristo, mas viver de acordo com a verdade e a luz.

Como Distinguir os Espíritos

1 João 4:5-6: *"Eles vêm do mundo. Por isso, o que falam procede do mundo, e o mundo os ouve. Nós viemos de Deus, e todo aquele que conhece a Deus nos ouve; mas quem não vem de Deus não nos ouve. Dessa forma reconhecemos o Espírito da verdade e o espírito do erro."*

O dicionário (Webster's Revised Unabridged Dictionary) se refere a "erro" como sendo "Distanciamento ou desvio da verdade; falsidade; noção falsa; opinião errada; engano; equívoco." O espírito do erro é o espírito mundial que o engana para crer que o que é falso é verdadeiro, e isso faz com que você deixe os limites da fé. Designadamente, alguém que é de Deus ouve a palavra da verdade, mas alguém que pertença ao mundo escuta os dizeres do mundo, não a verdade. Portanto é fácil reconhecê-los. Uma coisa se torna óbvia, seja ela a luz ou as trevas, se você conhecer a luz. Então você pode dizer: "Essa pessoa vive na verdade, mas aquela pessoa vive nas trevas."

Por exemplo, se alguém diz no domingo: "vamos a um piquenique pela tarde. Vamos ao culto apenas pela manhã. Não é uma boa idéia?" ou se ele tenta destruir o reino de Deus fazendo truques malévolos e ainda clama crer em Deus, que esse é o trabalho do espírito do erro.

Você pode entender muitas coisas que Deus livremente dá, se você receber o Espírito da Verdade que provém de Deus (1 Coríntios 2:12). É por isso que o Espírito Santo habita em você – filho precioso de Deus. Ele é o Espírito da Verdade e nos guia a toda a verdade. Ele não fala por conta própria; Ele fala o que Ele escuta, e Ele lhe dirá o que está por vir.

Portanto, Jesus diz em João 14:17: Ele é *"o Espírito da verdade. O mundo não pode recebê-lo, porque não o vê nem o conhece. Mas vocês o conhecem, pois ele vive com vocês e estará em vocês."* João 15:26 nos dá outro lembrete do Espírito Santo: *"Vocês não me escolheram, mas eu os escolhi para irem e darem fruto, fruto que permaneça, a fim de que o Pai lhes conceda o que pedirem em meu nome."*

Também I Coríntios 2:10 mostra: *"mas Deus o revelou a nós por meio do Espírito. O Espírito sonda todas as coisas, até mesmo as coisas mais profundas de Deus."* Como está escrito, o Espírito Santo é o único que percebe e sabe plenamente a mente de Deus.

Conseqüentemente, aqueles que receberam o Espírito da verdade escutam a palavra da verdade e obedecem a ela. Quanto mais o reino de Deus e sua justiça se estendem, mais eles se regozijam. Eles são cheios de vida, esperando pelo reino dos céus.

Ainda assim, alguns simplesmente comparecem à igreja sem alegria, porque eles não possuem a fé gerada por Deus. Eles ainda pertencem ao mundo e preferem coisas mundanas como dinheiro e diversão. Por isso não podem viver a verdade, esperar pelo reino dos céus, ou amar a Deus de todo o coração.

Ultimamente essas pessoas trocam Deus pelo espírito do engano, pois elas pertencem ao mundo e não possuem o Espírito da Verdade. Também, se alguém fofoca sobre outros irmãos e irmãs na fé, ou atrapalha os outros em inveja por serem eles fiéis ao reino de Deus e sua justiça, ele não provém de Deus.

Não Deixe Ninguém Fazê-lo Desviar-se

I João 3:7 nos adverte: *"Filhinhos, não deixem que ninguém os engane. Aquele que pratica a justiça é justo, assim como Ele é justo."* Vocês não devem se afastar da Palavra de Deus para que vocês não sejam enganados por falsos ensinamentos, pois nada pode lhe ensinar, senão a Palavra de Deus. Somente assim, quando você receber a salvação completa, será próspero neste mundo e aproveitará a vida eterna no reino dos céus.

Contudo, o diabo tenta, com todas as suas forças, impedir que os filhos de Deus vivam pela palavra, e faz com que nos comprometamos com o mundo, nos desviemos de Deus, duvidemos d'Ele, e nos oponhamos a Ele. Em I Pedro 5:8 está escrito: *"Estejam alertas e vigiem. O Diabo, o inimigo de vocês, anda ao redor como leão, rugindo e procurando a quem possa devorar."*

Como pode então o diabo enganar os filhos de Deus? Você pode assimilar esta situação a uma mulher que é tentada por um homem. Se uma mulher se mantém com graça e dignidade, e se comporta com boas maneiras, homens não podem tentá-la. Por outro lado, homens podem facilmente tentar mulheres que não se comportam apropriadamente. Da mesma maneira, o inimigo se aproximará dos que não estejam firmes na Rocha. O diabo tenta essas pessoas para se desviarem de Deus e se oporem a Ele e, no final, os leva ao caminho da morte. Eva também foi tentada pelo diabo, porque ela foi pega desprevenida pelas distorções da Palavra de Deus.

É claro que você encontra provações mesmo sem ter culpa.

Isso se deve ao fato de que Deus quer abençoá-lo, da mesma forma que você vê na provação de Daniel, que foi jogado na cova dos leões ou a prova de Abraão, para sacrificar o seu filho.

Quando você encontra provas ou dificuldades que se devem ao fato de que você não se firma na Rocha, você deve imediatamente deixar os seus pecados em arrependimento, abandonar todas as tentações e provas com a Palavra de Deus, e tentar o seu melhor para permanecer firme em Jesus.

Permaneça Firme na Verdade; Não Seja Enganado

Em 1 Timóteo 4:1-2, o autor escreve: *"O Espírito diz claramente que nos últimos tempos alguns abandonarão a fé e seguirão espíritos enganadores e doutrinas de demônios. Tais ensinamentos vêm de homens hipócritas e mentirosos, que têm a consciência cauterizada."*

Isso se refere aos tempos finais, durante os quais algumas pessoas que clamam ter fé, se desviarão por seguir espíritos enganadores e ensinos de demônios.

Os enganados são hipócritas, mesmo se suas obras pareçam ser fiéis e justas. Eles oram diante dos outros, e tentam ser fiéis por dinheiro, não em gratidão da graça de Deus. Por último, eles abandonam sua fé e seguem o caminho da morte, porque suas consciências estão cauterizadas com ferro quente por mentir, viver sem a verdade, e viver a diversão mundana.

Deus estritamente adverte através da Bíblia a não nos enganarmos. Jesus nos adverte em Mateus 7:15-16: *"Cuidado com os falsos profetas. Eles vêm a vocês vestidos de peles de ovelhas, mas por dentro são lobos devoradores. Vocês os reconhecerão por seus frutos. Pode alguém colher uvas de um espinheiro ou figos de ervas daninhas?"*

As ações e palavras de uma pessoa refletem seus pensamentos e sua vontade. Ou seja, você pode reconhecer as pessoas pelos seus frutos. Se alguém tem os frutos do mal como ódio, inveja ou ciúme, ao invés dos frutos da verdade como bondade, justiça, essa pessoa é um falso profeta.

Muitos falsos profetas, o anticristo, já estão presentes neste mundo. Portanto, os filhos de Deus precisam ter uma verdadeira compreensão da heresia e distinguir entre o Espírito da Verdade e o espírito do erro.

O inimigo nunca perde a oportunidade de enganar os filhos de Deus e fazê-los pecar, sempre que eles se desviem da verdade. Quando você é firme na verdade e obedecer a ela, você não será enganado pelo espírito do erro, mas o derrotará facilmente, mesmo se ele se aproximar de você.

Você não deve admitir ou aderir a nenhum outro ensinamento ou ser enganado por esses ensinamentos, que são contra a verdade. Ao invés disso, obedeça à palavra de Deus e siga os desejos do Espírito Santo, para que você possa ser corajoso e sem culpa para a Segunda Vinda de nosso Senhor Jesus Cristo.

Jesus nos diz que: *"O homem bom do seu bom tesouro tira coisas boas, e o homem mau do seu mau tesouro tira coisas más. Mas eu lhes digo que, no dia do juízo, os homens haverão de dar conta de toda palavra inútil que tiverem falado. Pois por suas palavras vocês serão absolvidos, e por suas palavras serão condenados"* (Mateus 12:35-37).

O homem bom tem um bom coração e não pode causar mal e dano ao próximo, independentemente ou não se a ação é vantajosa para si mesmo.

Contudo, o homem mau não pode se regozijar na verdade. Ele traz todo tipo de mal para fazer o próximo tropeçar por sua inveja e ciúme. Mesmo que seus dizeres pareçam ser justos e corretos, você não pode dizer que ele é um bom homem se ele pretende falar mal dos outros ou alienar uma pessoa de outra.

Portanto, você sempre deve orar e vigiar de forma que não seja enganado. Você deve ser capaz de distinguir se os espíritos são verdadeiros ou não e nunca julgar os outros. Ademais, você deve permanecer na fé da Santa Trindade – O Pai, o Filho e o Espírito Santo, crer em toda a Bíblia, obedecer a ela e viver por ela.

"Ora vem, Senhor Jesus!"

O Autor:
Dr. Jaerock Lee

Dr. Jaerock Lee nasceu em Muan, Província Jeolla Sul, República da Coréia do Sul, em 1943. Aos vinte e poucos anos, Dr. Lee já sofria de várias doenças incuráveis, e por sete anos seguidos esperou a morte sem esperança de recuperação. Um dia, durante a primavera de 1974, foi levado por sua irmã a uma Igreja e, quando se ajoelhou para orar, o Deus vivo imediatamente o curou de todas as suas enfermidades.

Desde o momento em que Dr. Lee conheceu o Deus vivo através daquela incrível experiência, ele O amou com todo o seu coração e sinceridade e, em 1978, foi chamado para ser servo Seu. Ele orava fervorosamente para que pudesse entender claramente a vontade de Deus, obedecê-la e cumpri-la totalmente. Então, em 1982, ele fundou a Igreja Central Manmin, em Seul, Coréia do Sul, one inúmeras obras de Deus como curas milagrosas e maravilhas tem acontecido.

Em 1986, Dr. Lee foi consagrado pastor na Assembléia Anual da Igreja Sungkyul da Coréia e, quatro anos depois, em 1990, seus sermões começaram a ser transmitidos na Austrália, Rússia, Filipinas e muitos outros lugares pela Empresa de Transmissão do Extremo Oriente, Estação de Transmissão Asiática e pelo Sistema de Rádio Cristão de Washington.

Três anos depois, em 1993, a Igreja Central Manmin foi escolhida uma das "Cinquenta Maiores Igrejas do Mundo" pela revista *Christian World* (EUA) e o Dr. Lee recebeu o Doutorado em Divindade Honorário da Faculdade de Fé Cristã, na Flórida, Estados Unidos. Em 1996, tornou-se P.H.D em Ministério pelo Seminário Teológico de Kingsway, Iowa, nos Estados Unidos.

De 1993 em diante, e Dr. Lee tem liderado as missões mundiais com várias cruzadas internacionais, como na Tanzânia; Argentina; Los Angeles,

City of Baltimore, Havaí e Nova Iorque, nos Estados Unidos; Uganda; Japão; Paquistão; Quênia; Filipinas; Honduras; Índia; Rússia; Alemanha; Peru; República Democrática do Congo; e Israel. Em 2002, foi chamado de "pastor global" pelos maiores jornais cristãos da Coréia, devido aos seus diversos trabalhos internacionais.

Conforme dados de Fevereiro de 2012, a Igreja Central Manmin é uma congregação de mais de 120.000 membros, com 10.000 congregações espalhadas pelo país e pelo mundo. Até hoje, já formou mais de 129 missionários e os enviou a 23 países, como os Estados Unidos, Rússia, Alemanha, Canadá, Japão, China, França, Índia, Quênia e muitos outros.

Até hoje, o Dr. Lee já escreveu 64 livros, incluindo os Best Sellers *Experimentando a Vida Eterna antes da Morte; Minha Fé Minha Vida I & II; A Mensagem da Cruz; A Medida da Fé; Céu I & II; Inferno* e *O Poder de Deus.* Suas obras foram traduzidas para mais de 73 línguas.

Suas colunas cristãs estão nos jornais *The Hankook Ilbo, The Chosun Ilbo, The JoongAng Daily, The Dong-A Ilbo, The Munhwa Ilbo, The Seoul Shinmun, The Kyunghyang Shinmun, The Hankyoreh Shinmun, The Korea Economic Daily, The Korea Herald, The Shisa News,* e *The Christian Press.*

Dr. Lee é atualmente líder de várias organizações missionárias e associações cristãs, como a Igreja Coreana Unida Santidade de Jesus Cristo (presidente), Missão Mundial Manmin (presidente permanente), Missão de Avivamento Mundial Cristianismo (fundador), Rede Global Cristã (GCN) (fundador e presidente), Rede Mundial de Médicos Cristãos (WCDN) (presidente), e Seminário Internacional de Manmin (MIS) (presidente).

Céu I & II

Um esboço detalhado dos ambientes maravilhosos que os cidadãos do céu desfrutam e a linda descrição dos diferentes níveis dos reinos dos céus

---

Experimentando a Vida Eterna antes da Morte

O testemunho do Reverendo Dr. Jaerock Lee, que nasceu de novo, que foi resgatado do vale da morte e tem levado uma exemplar vida cristã.

Minha Fé Minha Vida I & II

A autobiografia do Dr. Jaerock Lee exala o mais fragrante aroma espiritual para seus leitores através de sua vida extraída do amor de Deus, florescido em meio a ondas fortes, um jugo pesado e profundo desespero.

A Medida da Fé

Que tipo de lar celestial, coroa e recompensa estão preparados para você no céu? Esse livro fornece, com sabedoria, meios para você medir sua fé e cultivá-la de modo a torná-la melhor e mais madura.

O Poder de Deus

Um livro que todos devem ler como um guia essencial através do qual a pessoa pode possuir uma fé verdadeira e experimentar o maravilhoso poder de Deus.

Inferno

Uma mensagem profunda de Deus, que não deseja que nem uma alma sequer vá para as profundezas do inferno, a toda a humanidade! Você descobrirá coisas nunca antes reveladas sobre a cruel realidade do Ades e do inferno.